1월의 모든 역사

세계사

세계사

1月

1월의 모든 역사

● 이종하 지음

디오네

매일매일 일어난 사건이 역사가 된다.

역사란 무엇일까. 우리는 왜 역사에 관심을 갖는 것일까.

이 책을 쓰는 내내 머릿속을 맴돌던 질문이다.

아놀드 토인비는 역사를 도전과 응전의 개념으로 설명한 바 있다. 그것은 인류사 전체를 아우르는 커다란 카테고리를 설명하기에는 더없이 좋은 개념이다. 그러나 미시적인 문제로 들어가면 얘기가 달라진다. 나일 강의 범람 때문에 이집트에서 태양력과 기하학, 건축술, 천문학이 발달하였다는 것은 도전과 응전으로 설명이 가능하지만, 예술사에서 보이는 사조의 뒤섞임과 되돌림은 그런 논리만으로는 설명이 안 된다.

사실 역사란 무엇인가 하는 관심을 가진 지는 오래 되었다. 대학 시절 야학 교사로 역사 과목을 담당하면서 맨 처음 그 의문이 싹텄다. 교과서에 나와 있는 대로 강의를 하는 것은 죽은 교육 같았다. 살아 있는 역사를 강의해야 한다는 생각에 늘 고민이 깊었다. 야학이 문을 닫은 후에 뿌리역사문화연구회를 만든 것도 그런 고민을 해결하지 못했기 때문이다.

뿌리역사문화연구회를 이끌면서 10년여에 걸쳐 '어린이와 청소년을 위한 교실 밖 역사 여행' '어린이 역사 탐험대'를 만들어 현장에서 어린이와 청소년을 만났다. 책으로 배우는 역사와 유적지의 냄새를 맡으며 배우는 역사는 느낌이 전혀 달랐다. 불이학교 등의 대안학교에서 한국사 강의를 맡았을 때도 그런 느낌은 피부로 와 닿았다.

그렇다고 역사를 현장에서만 접해야 한다는 것은 아니다. 역사 자체는 어차피 관념 속에 있는 것이며, 그것이 우리에게 구체적으로 구현되는 것은 기록을 통해서이기 때문이다. 역사는 과거이며, 그 과거는 기록으로 존재한다. 그러나 현재에 펼쳐진 과거의 기록은 현재를 해석하는 도구이고, 결국 미래를 향한다.

이 책은 매일매일 일어난 사건이 역사가 된다는 사실에 기초하여, 1월 1일부터 12월 31일까지 일어난 중요한 사건들을 날짜별로 기록한 것이다. 사건의 중요도에 따라 집필 분량을 달리하였으며, 『1월의 모든 역사 - 한국사』『1월의 모든 역사 - 세계사』처럼 매월 한국사와 세계사로 구분했다. 1월부터 12월까지 총 24권에 걸쳐 국내외에서 일어난 대부분의 중요한 역사적 사실들을 흥미진진하게 담으려고 했다.

이 책에 나와 있는 날짜는 태양력을 기준으로 한다. 음력으로 기록된 사건이나 고대의 기록은 모두 현재 사용하는 태양력을 기준으로 환산하여 기술했다. 고대나 중세의 사건 가운데에는 날짜가 불명확한 것도 존재한다. 그것들은 학계의 정설과 다수설에 따라 기술했음을 밝힌다.

수년에 걸친 작업이었지만 막상 책으로 엮여 나오게 되니 어설픈 부분이 적지 않게 눈에 들어온다. 그것들은 차차 보완을 거쳐 이 시리즈만으로도 인류 역사의 대부분을 일견할 수 있도록 만들고 싶다.

이 책을 쓰다 보니 매일매일을 성실하게 노력하며 살아야겠다는 생각이 든다. 매일매일의 사건이 결국 역사가 되기 때문이다.

이종하

1월의
모든 역사

1월 1일

．
．
．

1863년 1월 1일

링컨 대통령, 노예 해방 선언문 발표

나 에이브러햄 링컨은 미국의 대통령으로서, 반란을 일으킨 남부 지역에서 노예로 있는 자들에게 1863년 1월 1일을 기해 영원히 자유의 몸이 됨을 선포한다. 이 선언은 진실로 정의를 위한 것이고, 군사적 필요에 따라 헌법에 맞게 발표하는 바이다.

-링컨, 「노예 해방 선언문」

미국의 16대 대통령이었던 링컨(Lincoln, A.; 1809~1865)은 1863년 1월 1일 노예 해방을 선언하였다. 그러나 이 선언은 남부 노예에 한했던 것으로, 링컨이 대통령으로 있던 북부 노예에 대해서는 한 마디 언급도 없었다.

미국 흑인 노예의 증가	
17세기	275만 명
18세기	700만 명
19세기	325만 명
합계	1,300만 명

사실 링컨의 노예 해방 선언은 인간 존엄성의 실현을 위해서 발표한 것이 아니었다. 당시 미국은 남북 전쟁 중이었으며, 북부는 노예 해방 선언을 통해 흑인 노예의 힘으로 전쟁을 더욱 유리하게 이끌고자 했다.

남부의 많은 흑인 노예들은 자기를 부리던 주인집을 도망쳐 나와 북부군에 참가하였다. 노예 출신 흑인 병사들은 북부군을 위해 맹렬히 싸웠으며, 1865년 1월 전쟁 양상이 북부에 점차 유리해지자 미국 의회는 수정 헌법 13조, 즉 노예 제도 금지 법안을 통과시켰다.

미국에서 노예가 생긴 이유는 아메리카 대륙이라는 엄청난 땅에 비해 턱없이 부족한 노동력 때문이었다. 남부의 주요 상품은 많은 일손이 필요한 담배였기 때문에 노동력이 절실했다.

보통 '미국 노예' 하면 흑인을 떠올리지만 처음에는 백인을 노예로 부렸다. 유럽인들이 대서양을 건너 미국으로 가는 데에는 많은 뱃삯이 필요하였다. 미국에 정착해 있던 농장주들은 대서양을 건너온 가난한 유럽인들의 뱃삯을 지불하고 대신 노예로 부렸다. 또는 죄인이나 채무 파산자의 경우, 영국 정부는 이들을 사면하는 대신에 식민지 아메리카로 노역을 보냈다. 경우에 따라 유럽에서 어린이들이나 집시들이 납치되어 오기도 하였다.

흑인들이 아메리카 대륙에 처음으로 건너온 것은 1619년이었다. 네덜란드의 범선 한 척이 스무 명의 '검둥이들'을 싣고 제임스타운에 들어왔다. 흑인 노예를 최초로 받아들인 버지니아 주는 1662년 노예 제도를 법으로 정하였다. 1680년 무렵, 백인 노예의 공급이 갑자기 끊기게 되자 흑인 노예가 급속도로 늘어나게 되었다. 캐럴라이나 주를 비롯한 몇몇 남부 주에서는 흑인 수가 백인과 거의 비슷하게 될 정도였다.

흑인 노예들은 남부 지역뿐만 아니라 북부에도 많았다. 상공업의 비중이 높았던 북부 지역의 노예들은 농장 일을 해야 하는 남부 노예보다는 처지가 나은 편이었다. 그러나 미국은 계몽주의의 영향에도 불구하고 노예 제도를 당연한 것으로 여겼다. 그렇다고 모든 백인들이 노예 제도를 찬성한 것은 아니었다. 남북 전쟁 당시 『톰 아저씨의 오두막』을 쓴 스토 부인이나 노예 폐지론자였던 존 브라운 같은 사람들도 있었다. 특히 존 브라운은 반노예주의자였던 아버지의 영향을 받아 1851년 도망 노예들로 구성된 폭력 비밀 결사 조직을 만들었다. 1856년에는 노예 제도를 옹호하는 백인 5명을 살해하였고, 1859년에는 버지니아 주에 있던 정부군의 무기고를 습격하였다. 이때 정부군에 있던 한 병사는 다음과 같이 증언하였다.

"존은 총을 맞아 쓰러져 가는 아들의 손을 잡고, 한 손에는 총을 들고 부하들에게 끝까지 싸우라고 격려했다. 아주 침착한 모습으로 흔들림 없이……."

그는 이 사건으로 체포되어 교수형에 처해졌다. 하지만 존의 장렬한 모습은 「존 브라운의 주검」이라는 노래로 남아 남북 전쟁 당시 북부군이 즐겨 부르던 군가가 되었다.

미국 남북 전쟁은 노예 제도 폐지를 둘러싼 북부와 남부 사이의 의견 차이가 주원인이었다. 한때 남부는 노예 수가 기하급수적으로 늘어나자 노예를 해방시켜 아프리카로 돌려보내려는 계획을 세우기도 하였다. 그러나 1793년 면화씨 분리 기계가 발명되어 면화 생산이 급격히 늘어나면서 또다시 많은 노예가 필요해졌다. 또한 남부는 북부보다 인구가 적었기 때문에 새로운 지역에 노예 제도를 도입하여 북부와 세력 균형을 맞추려는 의도도 있었다.

19세기의 미국은 북부와 남부가 노예 제도 문제 외에도 여러 측면에서 대립하는 상황이었다. 남부는 공업에 필요한 원료를 생산하는 지역이었기 때문에 관세 폐지를 요구하였으며, 연방주의보다는 분권주의를 요구하였다. 북부는 여전히 경쟁력이 미진한 상공업을 유럽 국가들로부터 지켜 내기 위해 보호 무역을 주장하였고, 국내의 안정과 질서를 위해 중앙 정부를 선호하였다.

이러한 대립들은 북부의 후보였던 링컨이 대통령으로 선출되자 남부 여러 주가 아메리카 연합을 결성하고 독립을 선포하면서 전쟁으로 치닫게 되었다. 사실상 링컨 대통령은 노예 제도를 반대하지 않는 보수적인 사람에 가까웠다. 그러나 북부와 남부가 대립하는 상황에서 노예제를 확대하면 미국 연방이 분열할 것이라고 판단했기 때문에 이를 반대하였다. 1861년 삼터 요새 공격으로 시작된 남북 전쟁은 1865년 남부 장군 로버트 리의 항복으로 끝을 맺게 되었다.

남북 전쟁이 끝나자 남부 재편입 정책이 실시되었다. 북부 정치인들은 해방 흑인들을 정치 세력으로 끌어들이려 하였지만 초기에는 그다지 성공적이지 못하였다. 또 법적으로는 흑인 노예 해방이 이루어졌지만 남부에서는 여전히 백인의 독재와 흑인 차별이 이어졌으며, 백인 비밀 테러 조직 KKK는 흑인들을 향해 비인간적인 테러를 저지르는 등 여전히 인종 차별 문제는 과도기적 단계였다.

1912년 1월 1일

중화민국 수립

―

만주족이 세운 청나라 전제 정부를 타도하고 중화민국을 공고히 하여
민생의 행복을 추구할 것입니다. 그리고 중화민국이 독립하고 세계 모
든 국가가 이것을 인정한다면 나는 임시 대총통직에서 떠날 것을 국민
앞에 선서합니다.

-쑨원, 「중화민국 임시 대총통 취임 선서」

무창에서 신해혁명이 일어난 지 두 달이 채 안 된 1912년 1월 1일 밤
11시, 쑨원(孫文: 1866~1925)은 난징에서 역사적인 취임 선서를 하였다.
선서가 끝나자 산시 성의 대표가 '중화민국 임시 대총통 인'이라 쓰인
도장을 쑨원에게 건넸다. 아시아 최초의 민주 공화정이 수립되는 순간
이었다. 쑨원은 국호를 '중화민국'으로 하고, 이날을 민국 원년 1월 1일
로 정하였다.

그러나 중화민국의 수립은 완전한 것이 아니라 단지 난징 임시 정부
가 수립된 것뿐이었다. 베이징에는 여전히 청나라 조정이 있었고, 황제
에게 신해혁명 세력의 토벌 권한을 위임받은 위안스카이가 존재했다.
나라가 분열될 것을 걱정한 쑨원은 위안스카이에게 임시 대총통직을
물려주는 대신 중국 통일을 제의하였다. 위안스카이는 제의를 받아들
여 공화제 시행을 주장하고 황제에게 퇴위를 강요하였다.

황제는 혁명군의 세력이 날로 커지고 위안스카이를 통제할 수 없
게 되자, 황실 퇴위 조건으로 몇 가지 우대 조치를 요구하였다. 그리고

1912년 2월 12일 청나라 조정은 8가지 항목의 퇴위 조서를 발표하였다. 첫 번째 내용은 '청나라 황제는 퇴위 후에도 황제에 대한 존칭이 폐지되지 않고, 중화민국은 청나라 황제를 외국 군주와 같이 우대를 한다'였다. 당시 7살이었던 선통제 푸이는 퇴위가 발표되자 황태후에게 얼굴을 묻고 대성통곡했다고 한다.

청나라는 베이징으로 도읍을 옮긴 지 268년 만에 멸망하였고 위안스카이는 임시 총통이 되어 공화정을 실시하였다. 그러나 위안스카이는 독재를 횡행하였고, 황제가 되기를 꿈꾸던 중 실각하였다. 이후 중국은 열강의 조종에 휩쓸리는 군벌 항쟁 시대로 치닫게 되었다.

—

1995년 1월 1일

세계 무역 기구WTO 출범

—

세계 무역 기구인 WTO는 '시장 개방, 비차별, 범지구적 경쟁을 통한 국제 무역이 모든 나라의 국가 후생을 증진시키는 올바른 길'이라는 이념 아래 설립된 국제기구이다. 세계 125개국에서 참여한 WTO는 1994년 4월 마라케시에서 조인되었으며, 1995년 1월 1일 '무역과 관세에 관한 일반 협정GATT' 체제를 대체하기 위해 설립되었다. 세계 무역 분쟁 조정, 관세 인하 요구 등의 법적인 권한을 가진 WTO는 세계은행IBRD, 국제 통화 기금IMF과도 밀접히 연관되어 있으며, 약소국의 특수성을 생각하지 않은 무차별적인 공세로 인해 세계 곳곳에서 거친 저항이 발생하기도 했다.

1979년 1월 1일

미 · 중 국교 수립

1979년 1월 1일, 미 · 중 외교 관계 수립에 대한 공동 성명이 전 세계에 발표되었다. 이 협정에 따라 미국은 타이완과의 공식적인 관계를 종결하였으며, 타이완과의 상호 방위 조약에 따라 타이완에 주둔 중이었던 미군을 철수하였다. 이와 같은 미 · 중 양국의 국교 수립은 미국과 중국이 소련의 군사력 팽창과 패권주의에 대항하기 위해 서로의 힘이 필요했기 때문에 이루어진 것이었다.

2002년 1월 1일

유로 공식 사용 시작

유로는 1999년 출범한 유럽의 단일 화폐이다. 1995년 12월 마드리드에서 개최되었던 정상 회담에서 도입을 결정하였으며, 탄생 초기에는 실물 화폐 없이 금융 거래에서만 이용되었다. 그러다가 2002년 1월 1일 0시를 기점으로 프랑스, 독일, 이탈리아, 스페인, 네덜란드, 벨기에, 오스트리아, 그리스, 아일랜드, 룩셈부르크, 포르투갈, 핀란드 등의 나라에서 실물 화폐로 통용되기 시작했다. 신구 화폐의 혼용 기간은 2002년 2월 28일까지로, 2002년 3월 1일부터는 모든 유로존에서 유로만을 단일 화폐로 사용하였다.

1958년 1월 1일

유럽 경제 공동체 출범

1957년 3월 유럽 6개국이 로마에서 조인한 유럽 경제 공동체 조약에 따라 1958년 1월 1일 유럽 경제 공동체EEC가 정식으로 발족하였다. 1980년 2월 유고슬라비아가 경제 협력 협정에 가조인하고, 같은 해 7월 루마니아와 무역 협정을 체결하여 동유럽 진출을 강화하였다. 1980년대 들어서면서부터 유럽 연합EU과 행동을 같이하고 있다.

1959년 1월 1일

쿠바, 카스트로 집권 시작

쿠바의 산업이 미국 자본에 종속되어 국민들의 빈곤이 점점 극심해지자, 카스트로(Castro, F.; 1926~)와 체 게바라(Che Guevara; 1928~1967)를 위시한 사회주의자들은 미국과 독재 정권 타도를 위한 무장 혁명을 시작하였다. 1953년 7월 26일에 시작하여 1959년 1월 1일 완수한 이 무장 혁명이 바로 쿠바 혁명으로, '7월 26일 혁명'이라 불리기도 한다. 1959년 1월 1일 쿠바 독재 정권의 수장이었던 바티스타가 도미니카로 도주함으로써 쿠바 혁명은 성공적으로 마무리되고 새로운 사회주의 정권이 들어서게 되었다.

1993년 1월 1일

체코슬로바키아, 체코와 슬로바키아로 분리 · 독립

체코슬로바키아는 유럽의 중앙 내륙에 있던 연방제 사회주의 공화국이었다. 그러나 소련이 붕괴하자 체코슬로바키아에도 공산 정권 퇴진 운동이 일어났다. 1988년 12월 체코슬로바키아의 공산 정권이 물러났으며, 1990년 6월 자유 총선을 통한 민주 정부가 구성되었다. 마침내 1993년 1월 1일, 체코슬로바키아는 체코와 슬로바키아로 분리 · 독립하게 되었다.

2007년 1월 1일

루마니아와 불가리아, 유럽 연합 가입

2007년 1월 1일, 루마니아와 불가리아가 유럽 연합에 가입함으로써 유럽 연합의 회원국은 모두 27개국이 되었다. 루마니아와 불가리아 역시 유럽 연합의 통용 화폐인 유로를 사용하기 시작하였으며, 슬로베니아도 이에 발맞추어 유로를 공식 화폐로 사용하기로 결정해 유로존 국가는 모두 13개국이 되었다. 이로써 유럽 연합의 총 인구는 5억 명 정도가 되었으며, 전 세계 GDP의 30% 정도를 차지하게 되었다.

2000년 1월 1일
Y2K 대란 불발

2000년 새로운 밀레니엄을 앞둔 전 세계는 컴퓨터의 2000년 인식 오류, 즉 2000년 밀레니엄 버그인 Y2K를 걱정하여 다양한 준비를 해두었다. 대부분의 국가들은 1999년 12월 31일에서 2000년 1월 1일 사이에 발생할 오류를 대비해 24시간 비상 가동 체제에 돌입했다. 세계 각국의 Y2K 담당자들은 끊임없이 정보를 교환하였으나 다행히도 우려했던 대규모의 컴퓨터 인식 오류 사태는 발생하지 않았다. 2000년 1월 1일의 밀레니엄 버그를 대처하기 위해 전 세계적으로 소요한 비용은 3,000억~6,000억 달러 정도로 추산된다.

1963년 1월 1일
근대 올림픽 창시자 쿠베르탱 출생

근대 올림픽의 창시자인 쿠베르탱(Coubertin, P. de; 1863~1937)은 1863년 1월 1일 프랑스 파리에서 출생했다. 그는 고대 그리스의 올림픽 대회를 부활시키고자 많은 노력을 기울였으며, 1894년 6월 파리에서 개최된 국제 경기에 관한 협의에서 올림픽 대회 부활을 제의하였다. 그리고 1896년 4월 첫째 주, 고대 올림픽의 개최지였던 그리스에서 제1회 근대 올림픽을 개최함으로써 쿠베르탱의 노력은 빛을 발하게 되었다.

1월의
모든 역사

1월 2일

■
∶
■

1484년 1월 2일

『플루타르크 영웅전』, 이탈리아에서 최초 출판

지금 전 세계의 도서관에 불이 난다면, 나는 당장 불 속으로 뛰어 들어가『셰익스피어 전집』과『플라톤 전집』 그리고『플루타르크 영웅전』을 먼저 찾을 것이다.

– 에머슨

『플루타르크 영웅전』의 저자인 플루타르코스(Ploutarchos; ?46~?120)
는 그리스에서 태어나 철학자 암모니우스에게 수학과 철학을 배웠다.
그의 저작물인 『영웅전』은 115년 무렵 집필했다고 전해지지만 정확한
것은 아니며, 이 책이 세상에 알려진 것은 1,000여 년이 지난 후의 일
이었다. 1470년 최초로 라틴어 번역이 이루어졌으며, 1559년 프랑스의
종교가이자 고전학자였던 자크 아미요가 완역본을 세상에 내놓아 유럽
전역에 알려지기 시작했다.

『플루타르크 영웅전』은 비슷한 성격을 가진 그리스와 로마 영웅의 전
기를 하나씩 싣고, 그 뒤에 두 사람의 성격과 도덕성을 비교하는 구성으
로 되어 있다. 예를 들어 아테네를 지켜낸 장군인 「페리클레스 전기」와
한니발의 로마 침공을 지켜낸 「막시무스 전기」를 실은 다음 '페리클레
스와 막시무스의 비교'라는 설명을 달았다. 이 같은 집필 방법을 이용한
묶음 22개와 「아라투스 · 갈바 전기」처럼 묶음을 이루지 않은 4명의 전
기가 실려 있다.

고대 그리스인들과 로마인들은 영웅 전설에 매우 관심이 많았다. 플
루타르코스는 『영웅전』을 알기 쉽게 쓰려고 했으며, 영웅적인 모습뿐
아니라 인간적인 결점과 실패도 아주 사실적으로 묘사하였다. 실례로
플루타르코스는 '솔론의 개혁'으로 유명한 아테네의 정치가 솔론에 대
해 도덕적 정치를 하였다고 평하는 동시에 과학을 보는 눈은 매우 평범
하고 낡았다고 평하며 솔론의 시를 인용하였다.

눈과 우박은 구름에서 내려오고
번개가 치면 천둥소리가 들려오네.
바람이 불면 파도가 거세지며

바람이 없으면 잔잔하네.

시적 감동이 느껴지지 않는 이 시는 영웅적인 판단력을 가졌던 솔론을 생각할 때 사뭇 낯선 느낌마저 준다.

플루타르코스는 『영웅전』뿐만 아니라 227편에 달하는 글도 썼다. 『모랄리아』는 윤리와 종교, 정치, 문학에 대한 글을 모아 놓은 수필집이며, 딸의 죽음을 슬퍼하는 아내를 위해 「위로」라는 글을 쓰기도 하였다.

『플루타르크 영웅전』이 유럽의 문학과 철학에 끼친 영향은 상상 이상이다. 『우신예찬』을 쓴 에라스뮈스는 "성서를 제외하고 이같이 신성한 책을 본적이 없다."고 말하였으며, 몽테뉴 역시 그의 저작인 『수상록』에 이 책의 영향을 받았다고 회고하였다. 셰익스피어의 『줄리어스 시저』『안토니우스와 클레오파트라』『코리올라누스』는 모두 『영웅전』에 등장하는 영웅들을 소재로 한 것이었다.

나폴레옹 역시 사관 학교 시절 이 책을 처음 접한 이후 평생을 지니고 다녔다고 말했다. 뿐만 아니라 21세기를 살아가는 현대인이 알고 있는 고대 그리스와 로마에 대한 지식의 많은 부분이 『플루타르크 영웅전』에서 알려 주는 정보였음은 의심할 여지가 없다.

—

1959년 1월 2일

소련, 최초의 달 탐사선 루니크 1호 발사 성공

—

미국과 소련의 우주 개발 경쟁은 오랫동안 계속되었다. 군사적 목적에서 시작된 이 경쟁은 무인 달 탐사선에 이어 유인 달 탐사선으로까지 이어졌다.

그러나 경쟁은 냉전의 종식과 함께 화합의 모양새를 띠기도 했다. 냉전
이 끝날 무렵 러시아의 우주 정거장 미르에는 미국의 우주 왕복선이 다
녀갔고, 미국에서 진행한 우주 정거장 알파의 건설에는 러시아의 기술
자들 다수가 참여한 것이다.

45억 년의 세월 동안 지구는 자신의 물건을 우주 밖으로 내보낸 적
이 없었다. 그러나 1959년 1월 2일, 옛 소련의 달 탐사선 루니크 1호는
최초로 지구를 떠난 물건이 되었다.

우주 개발의 역사는 자본주의와 공산주의가 극단적으로 대립한 미소
냉전과 함께 시작되었다고 해도 과언이 아니다. 1945년 히로시마와 나
가사키에 떨어진 원자 폭탄의 위력은 전쟁의 개념을 바꾸어 버렸다. 핵
폭탄 하나면 모든 것이 사라진다. 1949년 소련이 원자 폭탄 개발에 성
공하자 이번에는 누가 더 멀리 그리고 얼마나 정확하게 핵미사일을 발
사할 수 있는지가 관건이었으며 그 선두에는 소련이 있었다.

1957년 8월 소련은 R-7 로켓을 발사하였다. 로켓은 해발 6,400km
이상을 비행하고 지상으로 돌아왔다. 소련에서 버튼만 누르면 미국으
로 날아갈 수 있는 대륙 간 미사일이 등장한 것이었다. 곧이어 소련은
인공위성을 궤도에 진입시키려는 계획을 세웠다. 근 시일 내에 미국에
서 인공위성을 발사할 예정이기 때문이었다.

소련은 '인류 최초의 인공위성 발사'라는 목표 달성을 위해 단순하고
무게가 가벼운 인공위성을 발사하기로 결정했다. '동반자'라는 이름의
스푸트니크가 첫 인공위성으로 결정되었다. 스푸트니크는 은백색의 공
모양으로, 무게는 83kg에 불과했다. 1957년 10월 4일 저녁, 머리 부분

에 스푸트니크를 실은 R-7 로켓이 발사되었고 궤도에 오르는 데 성공하였다. 미국은 충격과 두려움에 휩싸였고, 이 두려움은 1년 후 미국 국립 항공 우주국NASA을 탄생시키는 계기가 되었다.

소련은 미국에게 들이밀 수 있는 카드가 여전히 남아 있었다. 바로 '루니크'라 명명된 달 탐사 계획으로, 루니크는 달 무인 탐사기에 붙인 이름이었다. 1959년 1월 2일에 발사한 루니크 1호는 지구를 떠나 달에 6,000km까지 접근하여 달의 자장磁場에 관한 자료를 보내왔다. 같은 해 9월에는 루니크 2호가 달 표면에 착륙하였고, 루니크 3호는 인류 누구도 본 적이 없었던 달의 뒷모습을 보내왔다. 이때 받은 미국의 충격은 어마어마했다. 이후 미국은 끊임없는 연구와 노력을 계속하였으며, 결국 1969년 아폴로 11호가 달에 도착, 지구 최초의 우주인 암스트롱과 올드린이 달 표면에 발자국을 찍게 되었다.

—

1492년 1월 2일

그라나다 왕국 멸망

—

스페인 남부 안달루시아 지방에는 13세기 초까지 아랍계 이슬람 국가인 그라나다 왕국이 존재했다. 그라나다 왕국은 교역을 통해 부를 축적했으며 알람브라 궁전을 세우는 등 번영을 구가하였다. 그러나 이웃한 카스티야 왕국이 아라곤 왕국과 결혼 합병하여 통일 에스파냐의 기초를 세우고, 이베리아 반도의 통일을 위해 끊임없는 공격을 가하였다. 외침과 내분으로 혼란했던 그라나다 왕국은 결국 1492년 1월 2일 카스티야에 그라나다 시를 내어 줌으로써 역사에 이별을 고하였다.

—

1975년 1월 2일

찰리 채플린, 기사 작위 수여

—

영국 출신의 희극 배우 찰리 채플린(Chaplin, C. S.; 1889~1977)은 중절모와 긴 지팡이를 연상시킨다. 그는 가난과 부모의 이혼, 어머니의 정신병 그리고 고아원 등 불우한 환경 속에서 어린 시절을 보냈다. 10살때 처음으로 극단에 들어간 채플린은 17살에 이미 영국 최고의 희극 극단이라 인정받는 카노 극단의 정식 단원이 되었다.

1912년 할리우드에 초청받아 영화계에 입문하였고, 1914년 그의 첫 영화 『생계』가 개봉되었다. 1972년 아카데미 평생 공로상을 수상하였으며, 3년 후인 1975년 1월 2일 채플린은 영국의 엘리자베스 2세에게 기사 작위를 수여받았다. 대표작으로는 『가짜 목사』『황금광 시대』『파리의 여성』『모던 타임스』『위대한 독재자』등이 있다.

—

1920년 1월 2일

미국 SF 작가 아이작 아시모프 출생

—

미국의 소설가이자 화학자인 아이작 아시모프(Asimov, I.; 1920~1992)는 1920년 1월 2일 소련에서 태어나 어린 시절 미국으로 이주했다. 그는 컬럼비아 대학교에서 화학을 전공하였으며, 과학에 대해 매우 박식해 수많은 SF 작품을 발표하였다. 클라크, 하인리히와 함께 '3대 SF 거장'으로 칭송받는 아시모프는 1977년부터 『아시모프 SF 매거진』을 창간하기도 하였다. 대표작으로는 『은하제국』 『우주기류』 『강철도시』 등이 있다.

—

2001년 1월 2일

중국-타이완 직항로 52년 만에 개설

—

1949년 중국 국민당이 중국 공산당에 의해 타이완으로 정부를 옮기게 된 이후 중국 본토와 타이완은 사실상 별개의 국가로서 공식적으로는 단절 상태였다. 그러나 2000년 타이완의 새로운 총통으로 취임한 천수이볜은 중국과의 통상 등을 노력하기 시작했다. 그리고 이듬해인 2001년 1월 2일, 1949년의 공식 단절 이후 52년 만에 최초로 타이완의 진먼 섬과 마쭈 섬 그리고 중국의 푸주와 샤먼 사이에 공식 직항로가 개설되었다.

1월의
모든 역사

1월 3일

■
■
■

1521년 1월 3일

마르틴 루터 파문

1521년 1월 3일, 독일의 마르틴 루터를 파문한 교황 레오 10세는
신성 로마 제국의 황제인 카를 5세에게 누구든 루터를 죽여도 무죄
임을 선포하라고 요구하였다.

그러나 카를 5세는 이를 거절하고 루터의 문제를 공식적으로 토론
하기 위해 보름스 의회를 열었다. 루터는 여기에서 자신의 주장을
굽히지 않는 유명한 진술을 펼쳤다.

"교황과 공의회는 때때로 잘못이 있고 모순되는 것이 있으므로 믿
지 않습니다. 다만 저의 양심은 하나님의 말씀과 함께하고 있습니
다. 만일 성경에 나오는 증거와 이치에 맞는 논증으로 제 잘못이 밝
혀지지 않는 한, 저는 어느 것도 철회할 수 없고 하지도 않을 것입
니다."

　마르틴 루터(Luther, M.; 1483~1546)는 독일의 작센안할트 주에서 태어났다. 원래 루터는 법률가가 되기 위해 에어푸르트 대학교에서 법학을 공부하였으나, 1505년 아우구스티누스 은둔자 수도회에 입회하여 수사 신부가 되었다. 1508년에는 비텐베르크 대학교에서 신학 공부를 시작하였으며, 이곳에서 성서학 교수 사제로 임명되었다.

　1513년에 역사상 가장 사치스러운 교황이라 불렸던 메디치 가문 출신의 레오 10세가 교황이 되었다. 새로운 교황은 교회 재정과 개인 자산을 이용하여 바티칸 도서관의 장서 비축과 예술 후원 등 로마의 옛 명성을 되찾고자 많은 노력을 기울였다.

　그러나 문제는 성 베드로 대성당의 건축이었다. 유럽의 중심지로 거듭날 성 베드로 대성당 건축을 위해 막대한 자금이 필요했던 레오 10세는 면죄부를 다량 발행하였다. 사실 면죄부를 통한 대속은 서기 800년 무렵 교황 레오 3세가 시작한 이후 오랜 시간 묵인되어 온 악습이었다. 교황은 "상자 속의 돈이 쨍그랑거리자마자 사람의 영혼은 천국으로 간다."며 유럽 전역에 면죄부를 판매하기 시작했고, 당시 유럽 최빈국 중 하나였던 독일 역시 수사들이 나서서 면죄부를 선전하였다.

　그러나 마르틴 루터는 이에 문제를 제기하였고, 1517년 10월 비텐베르크 성당 정문에 「대사부에 관한 95개조 논제」라는 항의문을 붙였다. 마르틴 루터의 항의문은 다음 해 독일어로 번역되어 독일 전역으로 퍼져 나갔으며, 이는 유럽 전체의 종교 개혁 운동으로 확산되었다.

　루터 이전에도 프랑스의 발도, 영국의 위클리프, 보헤미아의 후스, 피렌체의 사보나롤라 등 가톨릭교회의 개혁을 주창한 사람들이 있었으나, 이들은 모두 이단으로 탄압되었거나 교회와 타협하였기 때문에 종교 개혁으로 이어지지 못했다. 마르틴 루터 이후의 종교 개혁 세력은

'프로테스탄트'라고 불렸는데, 이것은 1592년에 열렸던 슈파이어 의회
에서 처음 사용된 단어였다.

종교 개혁 운동은 독일에서 가장 빠른 반향을 불러일으켜 기사 반란
과 농민 전쟁이 일어나기도 하였으나 정작 당사자인 루터는 종교 개혁
에 비관적인 태도를 보였다. 루터가 일으킨 종교 개혁은 결국 농민이나
노동자와 같은 하층 계급의 공감을 얻지 못했고, 독일 서남부에도 침투
하지 못했다. 그러나 독일 제후들 사이에는 종교 개혁을 추종하는 세력
이 점점 늘어났다. 제후들은 루터파로 개종함으로써 가톨릭교회가 보
유한 토지와 재산을 차지할 수 있었고, 교황권에서 벗어나 독자적인 정
치권력을 유지할 수 있기 때문이었다.

스위스의 츠빙글리는 루터보다 급진적인 사상으로 종교 개혁을 펼치
고 취리히를 신교도의 도시로 만들었다. 그는 1519년 가톨릭에서 완전
히 독립하였으나 가톨릭교도와 전투 중에 사망하였다. 프랑스의 칼뱅
은 1533년 박해를 피해 제네바에 정착해 신권 정치를 펼쳤다. 그는 시
민들에게 엄격한 윤리를 강조하였으며 예정설을 주장하였다. 영국은
헨리 8세가 스페인 출신의 캐서린 왕비와 이혼 문제로 로마 가톨릭에
서 독립하게 된 경우였다. 헨리 8세는 '영국의 왕은 곧 영국 교회의 수
장'이라는 수장령을 발표하고, 국교를 로마 가톨릭에서 영국 국교회로
바꾸었다.

종교 개혁의 발생 요인은 가톨릭교회의 권위 실추와 성직자의 부도
덕성에서 기인하였다. 종교 개혁이 발생하자 가톨릭교회는 프로테스탄
트를 탄압하는 한편 유럽에서 쇠퇴하는 교세를 회복하기 위해 다양한
노력을 시도했다. 스페인의 로욜라는 예수회를 창립하였으며 교황 바
오로 3세는 예수회를 공인하여 적극적인 선교 활동을 펼쳤다. 또한 바

오로 3세는 헨리 8세 파문, 트리엔트 종교 회의 등을 통해 프로테스탄트에 대한 대책을 강구하였다.

종교 개혁의 발생으로 유럽은 프로테스탄트 중심의 북유럽과 가톨릭 중심의 남유럽으로 나뉘게 되었으며, 16세기 이후 약 1세기간 발생했던 종교 전쟁은 절대 왕정과 중상주의를 확립하는 계기가 되었다.

종교 개혁의 분류

분류	중심인물	시기	중심 교리	전파 지역	영향
루터주의	루터	16세기 전반	개인 구원 -믿음 강조	북부 독일, 덴마크, 스웨덴	근대 자본주의 발달에 기여
칼뱅주의	칼뱅	16세기 후반	예정설	프랑스(위그노), 영국(퓨리턴), 스코틀랜드(장로파), 폴란드(개혁 교회)	근대 자본주의 발달에 기여
가톨릭 개혁 운동	개혁 교황들	16세기 중반	가톨릭 신앙 재확인	이탈리아, 스페인, 남부 독일, 폴란드, 프랑스	아시아, 신대륙에 전도 사업

1959년 1월 3일

알래스카, 미국의 49번째 주로 포함

알래스카의 원주민은 이누이트족과 알류트족으로 약 3,000~8,000년 전 무렵 알래스카에 이주해 온 것으로 추정된다. 이들과 알래스카가 유럽에 처음 노출된 것은 1741년 러시아에 의해서였으며 곧바로 제정 러시아의 영토로 편입되었다. 그러나 재정이 궁핍해진 러시아는 미국에 알래스카를 매각하였고, 그 액수는 불과 720만 달러였다.

19세기 후반 금이 발견되면서 미국인의 활발한 이주가 시작되었으며 이후 은, 철광석, 석탄, 석유 등이 발견되었다. 특히 석탄은 전 세계 보유량의 10%가 매장되어 있고, 석유의 경우 아라비아와 베네수엘라에 이어 세계 3위를 차지하는 것으로 밝혀졌다. 1959년 1월 3일 알래스카는 미국의 주로 포함되었으며 이로써 미국의 주는 모두 49개, 성조기의 별도 49개가 되었다.

알래스카는 광대한 영토와 방대한 천연자원 보유량을 자랑하지만 인구 밀도는 미국 내 50위로 가장 낮은 편에 속한다. 특히 주민 가운데 원주민의 수는 15% 정도에 불과한 것으로 조사되었다.

—

1993년 1월 3일

미국-소련, 2단계 전략 무기 감축 협정 조인

—

2단계 전략 무기 감축 협정start은 미국과 소련 사이에 체결된 탄도 미사일과 핵탄두 수 감축을 목적으로 하는 군축 협정이다. 1982년 미국의 레이건 대통령은 소련 측에 1970년 체결한 '전략 무기 제한 협정salt'을 개선하는, 즉 양국이 보유하고 있는 미사일과 핵탄두 무기를 제한하는 데 그칠 것이 아니라 감축할 것을 제안하였다. 그리고 1993년 1월 3일, 미국의 부시 대통령과 러시아의 옐친 대통령은 양국이 보유한 전략적 핵무기의 $\frac{2}{3}$를 감축하는 START2 협정에 서명했다.

—

1999년 1월 3일

미국, 화성 탐사선 랜더호 발사

—

미국의 우주 탐사선 마스 폴라 랜더호가 1999년 1월 3일 발사되어 11개월 후 화성 대기권 진입에 성공하였다. 그러나 곧 연락이 끊어지고 실종되었으며 실패 원인은 명확히 밝혀지지 않았다. 랜더호는 화성의 남극에서 768km 떨어진 지점에 착륙하여 화성의 대기와 토양 성분 등을 분석할 예정이었다.

—

1961년 1월 3일

쿠바, 미국과 국교 단절 선언

—

쿠바의 카스트로 정권은 1961년 1월 3일 미국과의 국교를 단절하고 같은 사회주의 국가인 소련에 경제, 군사적으로 의지하는 정책을 시작했다. 그러나 미국과의 국교 단절은 이듬해 발발한 쿠바 미사일 위기의 원인이 되었다.

1892년 1월 3일

『반지의 제왕』 저자 톨킨 출생

『반지의 제왕』의 저자 톨킨(Tolkien, J.; 1892~1973)은 1892년 1월 3일 남아프리카 공화국에서 태어나 옥스퍼드 대학교에서 문헌학과 언어학을 공부하였다. 졸업 후 옥스퍼드 대학교의 교수로 재직하며 고대 유럽의 북방 민족과 관련된 전설을 수집하였다.

그는 뛰어난 상상력을 바탕으로 환상 세계를 만들어내 『베어울프』 『호빗의 모험』 『반지의 제왕』 등을 발표했는데, 특히 『반지의 제왕』은 출간되자마자 세계적인 베스트셀러가 되었다. 뿐만 아니라 제15회 국제 판타지상을 수상하였으며, 영화로도 만들어져 전 세계적인 블록버스터로 등극하였다.

1월의
모든 역사

1월 4일

■
·
■

—

1643년 1월 4일

영국의 물리학자 뉴턴 출생

—

만약 그때 나무에서 사과가 떨어지지 않았으면 어떻게 되었을까?
마치 강물에 드리운 미끼를 붕어가 물 때 바로 낚싯대를 당기지 않
으면 붕어가 달아날 수 있듯이, 뉴턴이 떨어지는 사과를 못 보았으
면 만유인력의 원리를 확립할 수 있었을까?

뉴턴은 땅에 떨어지는 모든 현상을 하나의 법칙으로 설명하려 하
였다. 뉴턴이 만유인력의 법칙을 수학 공식으로 풀이해낼 수 있었
던 것은 모든 현상을 신의 법칙으로만 이해하는 중세적 사고에서
벗어났기 때문이었다.

그리고 뉴턴의 사고 확장에는 뉴턴 이전에 코페르니쿠스, 갈릴레
오, 데카르트 등의 선구자가 존재했기에 가능한 것이었다. 코페르
니쿠스가 성경에서 여호수아가 '태양아 멈추어라'라고 한 명령을
부정하지 못했다면, 갈릴레이가 지동설을 발표하지 않았더라면, 어
쩌면 뉴턴은 신학자가 되었을지도 모른다.

암흑 속에 묻혀 있는 자연계와 자연의 법칙

신께서 뉴턴이 있으라 하니 모든 것이 밝게 드러났네.

18세기 영국의 시인 포프(Pope, A.; 1688~1744)가 쓴 뉴턴(Newton, Sir I.; 1642~1727) 추모시이다. 이 시에는 뉴턴에 대한 당시 유럽인들의 시선이 잘 표현되어 있다. 1643년 1월 4일 태어난 뉴턴은 17세기 과학 혁명의 대표적인 존재였으며, 과학의 신처럼 느껴지는 존재였다.

1661년 케임브리지 대학교에 입학한 뉴턴은 1664년의『몇 가지 철학적 문제들』을 시작으로『무한급수에 의한 해석학에 관하여』『색깔에 관하여』『광학』등을 발표하였다. 대표작으로는 1687년에 발표한『프린키피아』라고도 불리는『자연 철학의 수학적 원리들』이 있으며, 이 책은 모두 3권으로 구성되어 있다.

제1권은 진공 상태에서 물질 입자의 운동과 세 가지 운동 법칙을 설명하였다. '관성의 법칙' '가속도의 법칙' '작용-반작용의 법칙'으로 요약되는 이 세 가지 법칙은 오늘날의 교과서에도 반드시 포함될 만큼 중요한 운동 법칙이다. 제2권은 저항이 있는 공간에서 물질 입자의 운동을 다루었다. 「우주의 체계-그 수학적 취급」이라는 부제가 붙어 있는 제3권은 거리의 제곱에 반비례하는 만유인력의 법칙을 대입하여 케플러의 법칙을 도출해낸 내용이 담겨 있다. 케플러, 갈릴레오를 거치며 데카르트, 호이겐스 등을 통해 형성되어 온 근대 역학의 성공을 보여주는 완결판으로 평가받는다.

뉴턴은『프린키피아』로 온 유럽에서 주목받는 과학자가 되었다. 옥스퍼드 대학교와 케임브리지 대학교에 교수로 재직하였고, 명예혁명 후에는 혁명 회의에 참가하였으며, 조폐국의 이사까지 역임하였던 그는 1703년 왕립 협회 회장에 선출되었다. 또한 사망할 때까지 독일의 철학자 라이프니츠와 미적분에 대한 논쟁을 계속하였다.

뉴턴은 코페르니쿠스, 케플러, 갈릴레오 등과 같은 선배 학자들의 연구를 간단명료한 수학 공식으로 종합해 근대의 과학 혁명을 마무리하고 고전 물리학을 완성시킨 학자로 평가받는다. 뉴턴은 가설이나 독단 없이 수학적, 합리적, 경험적, 실험적 방법만을 적용하여 합당한 결과를 도출하였으며, 이와 같은 실증적 방법론은 18세기 계몽주의 도래에 지대한 영향을 미쳤다.

—

1941년 1월 4일

프랑스 철학자 베르그송 사망

—

프랑스의 철학자 앙리 베르그송(Bergson, H. L.; 1859~1941)은 프랑스 파리의 부유한 유대인 가정에서 태어났다. 그의 아버지는 폴란드계 유대인이었으며 그의 어머니는 영국계 유대인이었다.

1900년에 파리 대학교의 교수가 된 베르그송은 정치 및 국제 문제에 지대한 관심을 보였으며 생명의 창조적 진화를 주장하였다.『시간과 자유』『물질과 기억』『창조적 진화』『사상과 움직이는 것』등을 저술하였고 1927년에는 노벨 문학상을 수상하였다. 프랑스에서 태어나 프랑스에서 성장하며 프랑스인으로 사고하였고 아카데미 프랑세즈의 '불멸의 40인' 회원이 됨으로써 프랑스에서 누릴 수 있는 모든 명예를 누린 베르그송이었다.

하지만 점점 유대인을 탄압하는 사회적 분위기가 고조되어 결국 프랑스 내 유대인 등록법이 시행되자 프랑스 정부의 특별 예외를 거부했다. "만일 내가 반유대주의의 걷잡을 수 없는 물결이 수년 동안 세계를 뒤흔들 것임을 예견하지 못했더라면 개종자가 되었을 것이다. 나는 미래에 박해받을 수밖에 없는 운명을 가진 사람들 틈에 남아 있고 싶었다."라는 말을 남기며 다른 유대인들과 함께 노구를 이끌고 유대인 등록을 하였다.

베르그송의 철학은 인간 생명의 실재를 긍정하고 직관이나 체험에 의해 파악하려는 데 있었으며, 1941년 1월 4일 사망한 이후에도 프랑스의 철학자들에게 커다란 영향을 미쳤다.

—

1948년 1월 4일

버마(미얀마) 독립

—

인도차이나 반도와 인도 사이에 있는 버마는 세 차례에 걸친 영국과의 전쟁 끝에 1885년 영국의 식민지가 되었다. 영국은 버마를 아시아 식민지 경영의 거점으로 삼았으며, 버마는 행정 구역상 인도의 한 주州에 포함되어 버렸다.

그러나 1931년에 발생한 농민 봉기 이후 인도의 행정 구역에서 분리되었고, 1948년 1월 4일 영국에서 독립하여 우누를 초대 수상으로 한 버마 연방이 탄생하게 되었다. 1989년 '버마'에서 '미얀마'로 국명을 바꾸었다.

1785년 1월 4일

동화 작가 야코프 그림 출생

『백설 공주』『헨젤과 그레텔』『잠자는 숲 속의 미녀』『늑대와 7마리의 새끼 양』『행복한 한스』등은 누구나 한 번 이상 어린 시절 듣고 읽었던 동화책들이다. 이 이야기들을 아름다운 그림과 함께 세상에 내놓은 주인공은 바로 독일 출신의 그림 형제였다.

1785년 1월 4일 출생한 형 야코프 그림(Grimm, J. L. C.; 1785~1863)은 독일의 언어학자이자 문헌학자로 『독일 문법』『독일 신화』등을 집필하였다. 그의 이름을 널리 알린 『그림 동화』는 동생 빌헬름 그림(Grimm, W.; 1786~1859)과 함께 만든 책으로, 독일 헤센 지방을 중심으로 한 옛 이야기와 전설 들을 모아 만든 민화집이었다. 1812년 『어린이와 가정의 동화』라는 이름으로 처음 출간된 이 책은 1857년까지 17번이나 개정·증보하여 총 240편의 이야기가 담긴 『그림 동화』로 완성되었다.

1960년 1월 4일

프랑스 작가 알베르 카뮈 사망

알베르 카뮈(Camus, A.; 1913~1960)는 알제리에서 태어나 성장한 프랑스의 작가이다. 대학 시절 연극 동호회를 조직했으며, 사회 개혁에도 관심이 많아 공산당원으로 활동하였다. 인간의 조건에 대한 고민, 존재의 부조리 등을 주제로 집필하였던 카뮈는 20세기의 가장 중요한 작가

이자 사상가로 인정받고 있다.

대개 카뮈를 실존주의자라고 평하였지만 정작 자신은 이러한 평가를 거부하였다고 전해진다. 『이방인』『페스트』 등의 소설과 평론 『시시포스의 신화』를 썼으며 1957년 노벨 문학상을 수상하였다. 1960년 1월 4일 사망하였다.

—

1965년 1월 4일

영국 시인 엘리엇 사망

—

영국의 시인이자 비평가인 토머스 엘리엇(Eliot, T.; 1888~1965)은 미국 세인트루이스에서 태어나 하버드 대학교, 소르본 대학교, 옥스퍼드 대학교에서 철학과 프랑스 문학을 전공하였다.

1927년 영국으로 귀화하였으며 종교 역시 영국 성공회로 개종하였다. 『황무지』『재의 수요일』『바위』『비평론집』 등을 발표한 엘리엇은 1948년 노벨 문학상을 수상하였고, 1965년 1월 4일 사망하였다.

—

2011년 1월 4일

튀니지 재스민 혁명의 시발점이 되었던
모하메드 부아지지 사망

—

2011년 1월 4일 오후 5시 30분, 튀니지의 청년 모하메드 부아지지(Mohamed Bouazizi; 1984~2011)가 사망했다. 부아지지의 사망 소식은 곧 튀니지 전역으로 퍼져 전국적인 시위가 발생했다. 이것이 바로 튀니지 재스민 혁명의 시작이었다.

2010년 12월 17일, 튀니지의 시디 부지드 시에서 무허가 과일 노점상을 하던 청년 부아지지는 대학 졸업 후 취업을 하지 못해 노점상으로 생계를 이어 가던 중 경찰의 단속에 걸려 모두 압수되었다. 이에 부아지지는 시청 등을 찾아가 항의하였지만 어디에서도 받아들여지지 않았고, 결국 그는 시청 앞에서 분신자살을 시도했다. 당시 병원으로 옮겨졌지만 끝내 숨을 거두고 만 것이다.

부아지지의 사망은 튀니지 민주화 혁명의 시발점이 되었을뿐더러, 이웃한 이집트 · 리비아 등에도 영향을 미쳐 '아랍의 봄'이라 불리는 중동 및 북아프리카 국가에 혁명의 물결을 불러왔다.

1월의
모든 역사

1월 5일

■
·
■

—

1968년 1월 5일

프라하의 봄

—

토마스의 방탕한 생활은 계속되었고, 참지 못한 테레사가 아파
트를 뛰쳐나갔다. 그 순간 소련의 탱크가 프라하의 거리로 밀
려왔다……. 지금까지의 그 어떤 여자보다도 테레사에게 이끌
리고 있음을 깨달은 토마스는…….

체코슬로바키아의 자유화 운동이 절정을 이루던 시기, 한 남자와
두 여자의 사랑을 다룬 영화 『프라하의 봄』의 한 장면이다. 체코 작
가 밀란 쿤데라의 소설 『참을 수 없는 존재의 가벼움』을 필립 카우
프만 감독이 제작한 이 영화는 동유럽의 공산주의가 해체되어 가
던 시기를 배경으로 하였다.

제2차 세계 대전이 끝난 후 동유럽 국가들은 '어떠한 정치 체제를 선택할 것인가'라는 과제에 당면하게 되었다. 이들은 공산주의를 선택하였고 소련과 함께 사회주의 진영을 형성했다.

그러나 1953년 스탈린이 사망하자 소련을 중심으로 한 동유럽 공산권은 분열하기 시작했다. 스탈린의 뒤를 이은 말렌코프 수상은 '1인 지배 체제' 대신 '집단 지배 체제'로 소련을 통치하고, 중공업 위주의 정책에서 국민 생활 수준 향상을 위한 새로운 경제 정책을 펼치기로 약속하였다. 1956년 흐루쇼프는 소련 공산당 제20차 전당 대회에서 스탈린주의의 포기를 선언하였다. 또한 같은 해에 시작된 중국과 소련의 대립으로 소련의 지위가 약화되자 동유럽 국가들은 자기 나라에 맞는 체제를 고민하게 되었다. 곧 동유럽 국가들은 국내 개혁에 착수하게 되었고, 자주성 · 내정 불간섭 · 주권 존중 등을 주장하였다.

프라하의 봄은 1968년 1월 5일 체코슬로바키아의 두브체크가 제1공산당 서기장에 취임하면서 발생한 자유화 운동이다.

1960년대에 소련의 세력이 약화되자 국민들은 발전이 없는 경제에 많은 불만을 나타냈고, 슬로바키아인들의 민족 감정도 악화되어 갔다. 그리고 1968년, 스탈린을 따르던 노보트니 정권이 물러나고 개혁파인 두브체크가 취임하게 되었다. 두브체크는 언론 · 출판 · 집회의 자유, 재판의 독립, 의회 제도의 확립, 농공업 부분의 개혁, 국외 여행의 자유 보장, 경찰 정치의 종식 등의 개혁 조치를 발표하였다.

이에 따라 활발한 이념 논쟁이 발생하였으며, 체코의 잘못된 정책뿐 아니라 공산주의의 근본적인 이념까지 비판하기 시작하였다. 모든 공산당원들에게는 자신의 견해를 표현할 수 있는 평등한 기회가 주어졌고 공산당 내의 민주화도 급진전하였다. 또한 경제 개혁이 추진되어 국가의 간섭이 줄어들고 기업의 독립성이 강해졌으며, 노동자의 이익을 대변하는 노동자 평의회가 설치되었다. 두브체크의 개혁은 국민의 열광적인 지지를 받았고, 매년 열리는 음악제 이름을 따라 '프라하의 봄'이라고 표현하였다.

체코의 개혁 운동은 폴란드나 헝가리와 다르게 민족주의적인 경향을 띠지 않았기 때문에, 소련은 처음부터 개입할 생각은 아니었다. 하지만 체코의 개혁이 소련을 중심으로 한 공산 체제에 대한 도전으로 받아들여지면서 소련은 프라하의 봄을 막아 나섰다. 소련은 바르샤바에서 회의를 열어 체코의 지나친 개혁을 경고했으며, 바르샤바 조약 기구의 합동 훈련을 체코에서 실시했다. 그러나 체코의 지도자들은 소련의 압력에도 불구하고 개혁을 계속 추진하였다.

1968년 8월 20일 소련은 바르샤바 조약 기구의 조약국인 동독, 폴란드 등의 군대 20만을 이끌고 체코를 침범했다. 체코는 곧 항의 성명을 발표하고 시민들에게 무저항을 외쳤다. 하지만 소련은 8월 21일 두브체크를 비롯한 개혁파 지도자들을 연행해 갔고 이로써 프라하의 봄은 끝나게 되었다.

—

2000년 1월 5일

라마교의 17대 카르마파 라마, 티베트 탈출

—

2000년 1월 5일, 티베트 라마교의 3대 지도자 중 한 명인 14세의 카르마파 라마가 티베트를 떠나 인도로 탈출하였다. 1992년 7살의 나이로 중국에 의해 추대된 17대 카르마파 라마는 달라이 라마, 판첸 라마에 이은 라마교 서열 3위의 지도자로서 본명은 우기엔 트린리 도르제이다. 중화 인민 공화국의 입장에서 17대 카르마파 라마의 탈출은 1959년의 달라이 라마의 탈출 이후 티베트와 관련한 최대이자 최악의 탈출 사건이라 할 수 있다.

티베트의 정신적 지도자들이 망명을 떠난 이유는 다름 아닌 중국의 티베트 강제 통치를 반대하기 때문이었다. 이들은 망명 후 서방 각국의 유력 인사들과 교우를 나누며 티베트의 독립을 주장했다. 특히 17대 카르마파 라마는 서열 2순위인 판첸 라마가 공석인 상태와 1935년생인 달라이 라마가 노령임을 감안할 때에 티베트의 차기 정신적 지도자로서 주목을 받는 입장이기 때문에 그의 탈출은 더더욱 큰 파장을 불러일으켰다.

—

1919년 1월 5일

독일 노동자당 결성

—

나치의 전신이 된 독일 노동자당은 1919년 1월 5일 뮌헨에서 결성되었다. 극우적이고 반유대적 단체인 툴레 협회를 기초로 해서 만들어진 이 당은 반유대주의자와 노동자 및 중산 계급의 구제를 목적으로 하였다. 1920년 2월 24일, 25개의 당 강령을 공포하고, 당명을 '민족 사회주의 독일 노동자당NSDAP'이라고 바꾸었다. 그리고 1921년 7월 열린 임시 당대회에서 히틀러의 독재적인 지위가 확립되었다.

현재 '나치Nazi'는 독일 노동자당의 반대 세력이나 유럽과 미국의 반히틀러파가 NSDAP를 비꼬아서 부르는 단어이다. 나치라는 명칭은 독

일에서는 법적으로 사용이 금지되었으며, 독일 노동자당을 일컬을 때
에는 'NS'라고만 한다.

1855년 1월 5일

면도기의 대명사 킹 질레트 출생

1855년 1월 5일 출생한 미국의 질레트(Gillette, K. C.; 1855~1932)는 면
도기의 대명사로 불린다. 그가 일회용 안전면도기를 발명한 이후 남성
들의 피부는 혁명적인 보호를 받게 되었다. 안전면도기가 세상에 나오
기 전까지의 면도기는 면도날이 노출되어 있어 익숙하지 않은 사람들
은 피부를 베기 십상이었다. 그러나 안전면도기는 날이 안에 들어 있고
노출부가 작아 안전하게 면도할 수 있게 되었다.

1867년 1월 5일

일본 작가 나쓰메 소세키 출생

나쓰메 소세키(金之助; 1867~1916)는 모리 오가이와 함께 초기 현대
일본 문학을 대표하는 작가이다. 그는 1867년 1월 5일 출생하여 도쿄
대학교 영문학과를 졸업하고 영국 유학을 다녀왔다. 잠시 도쿄 대학교
에서 근무하기도 하였으나 그만두고 본격적으로 작품 활동을 하였다.
1905년의 『나는 고양이로소이다』를 시작으로 『우미인초』 『도련님』 『풀
베개』 등을 발표하였다. 1910년대의 작품인 『문』 『피안 지나기까지』

『마음』에서는 매일 벌어지는 자그마한 일들을 쓰던 방법에서 벗어나
근대인의 심리와 자아 등을 다루었다.

—

1932년 1월 5일

이탈리아 기호학자 움베르토 에코 출생

—

1932년 1월 5일 출생한 이탈리아의 기호학자이자 미학자이며 작가
인 움베르토 에코(Eco, U.; 1932~)는 프랑스 감독 장 자크 아노가 제작
한 영화『장미의 이름』의 저자이다.

에코는 의사 전달의 상징인 기호를 철학적, 심리적, 사회적, 언어학적
관점에서 분석하는 기호학을 연구하였다. 그는 기호학 이론서인『기호
학 이론』을 저술하여 세계적인 기호학자로서 명성을 얻었다. 저서로는
『푸코의 진자』『토마스 아퀴나스의 미학적 문제』『해석의 한계』등 다
수가 있다.

—

1953년 1월 5일

베케트의 『고도를 기다리며』 초연

—

아일랜드 출생의 프랑스 극작가인 베케트(Beckett, S. B.; 1906~1989)
의 작품『고도를 기다리며』는 1953년 1월 5일 파리의 소극장 테아트르
드바빌론에서 처음으로 무대에 올랐다.

이 연극에서 배우들은 '고도'를 기다리지만 고도가 누구인지 아무도

모른다. 그리고 그다음 날도 고도를 계속 기다리지만 고도는 오지 않고 막이 내린다. 어느 날 이 연극의 연출자가 베케트에게 '고도'가 누구냐고 물었다. 그러나 베케트 자신도 누구인지 모른다고 대답하였다.

　이 작품은 현대 전위극의 고전으로 세계 각국에서 공연되었다. 1969년도 노벨 문학상 수상작이다.

1월의
모든 역사

1월 6일

■
■
■

1412년 1월 6일

잔 다르크 출생

2년이 넘는 동안 남자의 복장을 하고 다니던 그 여자는 신의 법칙과 여성의 지위를 거부했으며, 자기가 하느님의 심부름꾼으로 낙원의 성자와 친하다고 했다. 한심한 백성들은 그 때문에 미신과 이단 사상에 빠져들었다.

-헨리 6세

고결한 잔 다르크는 프랑스의 수호신이 나라가 위험에 처한 순간에 모든 기적을 이루어 주신다는 것을 보여 주었다.

-나폴레옹

영국의 헨리 6세와 프랑스의 나폴레옹이 보는 상반된 평가처럼 영국과 프랑스에서 바라보는 잔 다르크(Jeanne d'Arc; 1412~1431)는 이단자와 수호신이라는 정반대의 이미지가 있다. 잔 다르크가 영국에서 이단자의 낙인을 받고 장작더미 속에서 화형당한 것과, 1920년 5월 16일 교황청의 성녀 승인을 받아 프랑스 의회에서 잔 다르크를 기리는 축일을 정한 것과 같은 모습이다.

그러나 1412년 1월 6일 출생한 잔 다르크는 국민이 주인이 되는 국가인 오늘날의 프랑스를 위해서 싸운 것이 아니었다. 잔 다르크는 자신이 속한 땅을 사랑했고, 자신의 영주인 프랑스 국왕을 위해 싸웠을 뿐이었다.

영국과 프랑스 사이에서 벌어진 백 년 전쟁은 프랑스 영토의 일부를 영국 왕이 다스린다는 해묵은 문제와, 영국 왕이 프랑스의 왕위를 주장하는 것에 대한 프랑스 왕의 반발이 발생 원인이었다. 이 외에 영국의 양모 산업 등과 관련된 많은 문제들이 포함되어 있었다.

잔 다르크가 백 년 전쟁에 참여한 1429년 이전까지의 백 년 전쟁은 영국에 유리한 형세였다. 하지만 잔 다르크가 봉건 군주인 프랑스의 왕세자 샤를에게 충성을 다짐하고 전쟁에 참여하면서 전세가 바뀌기 시작했다.

잔 다르크는 샤를 왕자를 찾아가 자신은 신에게서 프랑스 땅을 점유한 영국인들을 몰아낼 임무를 받았노라고 선언했다. 1429년 5월 잔 다르크는 영국군에게 포위된 남프랑스의 전략적 요충지 오를레앙을 구출하고, 같은 해 7월에는 랭스를 탈환했다. 랭스는 전통적으로 프랑스 왕이 즉위식을 올리는 곳으로, 그동안 영국의 수중에 있었기 때문에 왕세자 샤를은 부왕 샤를 6세가 죽은 후에도 즉위식을 거행하지 못하고 있었다. 잔 다르크가 랭스를 점령하자 왕세자였던 샤를은 프랑스 왕 샤를 7세로 즉위하게 되었다. 이와 함께 프랑스군의 사기는 높아졌으며, 이후 프랑스군은 영국군을 몰아내고 백 년 전쟁은 끝나게 되었다.

그러나 잔 다르크는 1430년 전쟁 도중 프랑스 왕을 반대하는 부르군트 군대의 포로가 되어 영국군에 넘겨졌고, 1451년 이단으로 몰려 화형당하였다.

—

1884년 1월 6일

체코 유전학자 멘델 사망

—

> 과학자들의 눈에는 세상에서 당연하다고 생각하는 것들이 의문 덩어리로 다가오곤 한다. 사과가 땅에 떨어지는 이유를 알기 위해 뉴턴은 케임브리지 대학교까지 나와야 했고, 멘델은 유전의 법칙을 알기 위해 수도원에 수많은 완두콩을 심어야 했다.

멘델(Mendel, G.; 1822~1884)은 오늘날의 체코 하이첸에서 농부의 아들로 태어났다. 22살 되던 해에 오르뮈츠의 철학 연구소를 졸업하고 성 토마스 교회에 들어가 성직자가 되었다. 1856년부터 교회 뜰에서 완두로 유전 실험을 하여 7년 후 '멘델의 법칙'을 발견하였다. 멘델 이전에도 많은 사람들이 유전 현상에 대하여 의문을 가져왔고 이를 이해하고자 많은 노력을 하였었다.

멘델은 유전 현상을 이해하기 위하여 실험 결과를 상세하게 기록하였고, 일반적 법칙을 입증할 수 있는 통계학적 규칙을 찾아내려고 노력하였다. 그리고 실험 대상을 완두로 정했는데, 이는 쉽게 구별되는 완두의 형질 때문이었다. 형질이란 사람의 키, 꽃의 색깔, 동물의 성장 속도 등 같은 종에게서 나타나는 특성을 말한다. 또한 완두는 순종을 얻기 쉽고, 잡종 실험도 할 수 있는 장점이 있었다.

멘델은 1865년 브륀의 자연 과학 협회 정기 회의에서 「식물의 잡종에 관한 실험」이라는 제목으로 실험 결과를 발표하였다. 그러나 그의 실험이 빛을 보게 된 것은 1884년 1월 6일 멘델이 사망한 때로부터 십여 년이 지난 후의 일이었다.

1900년에 멘델과 같은 실험 결과를 내놓은 세 사람의 논문이 동시에 발표되었다. 하지만 이들이 밝혀낸 것은 이미 35년 전에 멘델이라는 수도원의 한 사제가 먼저 발견한 것이었다. 1900년은 유전학이 태어난 해가 되었으며, 멘델이 세상에 인정된 해였다.

—

1838년 1월 6일

모스 부호 첫 시연

—

모스(Morse, S. F. B.; 1791~1872)는 미국 매서추세스 주에서 출생하여 예일 대학교를 졸업하였다. 이후 런던으로 옮겨가 미술을 공부한 다음 미국으로 돌아와 뉴욕 대학교의 미술 교수로 활동하였다. 그는 영국에서 미국으로 돌아올 때, 배 안에서 우연히 '전신'에 대한 이야기를 듣게 되었다. 이에 모스는 동료인 게일, 공장주인 베일 함께 점과 선으로 이루어진 전신 부호 체계를 개발하여 시연하였다. 이것이 바로 모스 부호이다.

장거리 통신의 시금석인 모스 부호는 점·선·공간, 장음·단음을 이용하여 문자나 기호를 표기하는 전신 부호로써 무선 전신이나 섬광 혹은 음고 없는 기계 소리 등으로 표현한다. 주로 선박과 항구나 등대 사이에 연락을 취할 때 사용되며, 현재 사용하는 모스 부호는 1851년에 기존의 모스 부호를 수정한 국제 모스 부호이다.

—

1883년 1월 6일

레바논 작가 칼릴 지브란 출생

—

1883년 1월 6일 레바논의 브샤리에서 태어난 칼릴 지브란(Kahlil Gibran; 1883~1931)은 일생을 아랍과 비아랍, 이슬람과 기독교라는 두 이질적인 세계를 넘나들며 작품 활동을 했다. 1898년 소설 『반항의 정신』의 발표와 함께 당시 레바논을 침략 중이었던 터키 정부에 의해 추방되었다.

미국으로 망명한 칼릴 지브란은 1923년 생의 근본 문제를 다룬 산문시 「예언자」를 영어로 발표하였다. 이 작품은 아랍어로 쓴 소설 『부러진 날개』와 함께 그의 대표작으로 평가받는다.

1월의
모든 역사

1월 7일

■
．
■

645년 1월 7일

당나라 승려 현장, 인도 순례를 끝내고 귀국

정관 19년(645) 1월 7일, 당나라 수도 장안으로 통하는 운하를 따라 급히 저어 가는 한 척의 배가 있었다. 배 안에는 많은 불경과 짐에 둘러싸여 정좌하고 있는 한 승려가 있었으니, 18년 동안 진리를 찾기 위해 천축으로 떠났던 현장 그분이셨다.

-언종

'삼장 법사'로도 알려진 현장은 수나라가 고구려 침략에 실패하고 국내 정치가 매우 혼란한 시기에 태어났다. 현장은 어려서부터 경전의 심오한 뜻을 이해하고 어진 사람들을 존경하였다고 전해진다. 그의 둘째 형 장첩은 현장이 장차 부처님의 말씀을 전할 큰 사람이라고 생각하여 현장이 13세가 되던 해에 그를 출가시켰다.

당시 당나라의 수도인 장안에는 '법상'과 '승변'이라는 유명한 고승 둘이 있었는데, 이들의 설법은 중국과 외국에까지 알려질 정도였다. 현장은 이들을 찾아가 진리를 배웠지만 두 승려의 말이 서로 맞지 않는다는 것을 알게 되었다. 또한 당시 중국의 불교 경전에도 틀린 점이 많았다. 현장은 이 모든 의문을 해결하기 위해 사막을 건너 천축국에 가기로 마음먹었다. 이리하여 현장은 당나라 조정에 천축 여행을 알렸으나 당나라 조정은 국외 여행을 허락하지 않았다.

629년, 현장은 뜻을 굽히지 않고 남모르게 인도로 향했다. 하지만 당나라의 서쪽 국경인 위먼 관(옥문관)을 지나기도 전에 현장을 체포하라는 문서가 각 주와 현에 내려졌다. 현장이 과주에 도착하자 그곳 관리가 현장을 알아보았으나 그 뜻이 깊음을 알고 현장을 보내 주었다. 위먼 관이 멀리 보이는 곳에 다다른 어느 날 밤, 현장의 길을 안내하던 호인胡人이 칼을 빼들고 현장에게 다가오다가 제자리로 돌아갔다. 날이 밝자 호인이 말하였다.

"앞길은 험하여 물도 풀도 없습니다. 5봉이란 곳에 물이 나기는 하지만 물을 퍼오다가 들키면 목숨을 지키기가 힘듭니다. 그러니 왕의 법을 어기지 말고 되돌아가서 편히 사는 것이 좋지 않습니까?"

현장이 뜻을 굽히지 않자 호인은 되돌아가 버렸다. 그때부터 현장은 홀로 길을 떠났다. 위먼 관을 지나 사막을 건너기 시작했다. 여기저기에 흩어진 인골이 보였다. 그리고 갑자기 낙타를 탄 수백 명의 군사들이 창을 들고 서 있는 모습이 보였다. 현장은 가까이 가보았으나 아무것도 없었다. 요귀가 나타난 것이라 생각하였다.

현장이 서방으로 가기 위해서는 아직까지도 1봉에서 5봉까지 모두 5개의 검문소가 있었다. 현장은 4봉까지 무사히 지났다. 하지만 4봉 이후로는 800여 리를 더 가야 인가가 나왔다. 4봉의 관리가 100여 리 밖에 있는 야마천泉에서 물을 채우라고 일러 주었다.

현장은 100여 리쯤 갔지만 야마천이 보이지 않았다. 물주머니를 꺼내 물을 마시려 했으나 잘못하여 엎질렀다. 할 수 없이 4봉으로 되돌아가려는데, '차라리 서방을 향해 가다 쓰러져 죽을지언정 어찌 동방으로 돌아가서 살겠는가?' 하는 생각이 들어 다시 서북쪽으로 길을 향하였다. 아무리 주위를 둘러보아도 사람이 지나간 흔적도 없었고 날아가는 새도 없었다. 낮에는 모래바람이 소나기처럼 퍼부었다. 5일 동안 한 방울의 물도 마시지 못하여 입과 배가 말라붙어 곧 죽을 것 같았다. 드디어 현장은 모래에 쓰러졌다.

'저의 길은 재물을 바라는 것이 아니라 바른 법을 얻기 위함입니다. 관음보살께서는 중생을 불쌍히 여겨 괴로움을 건져 주신다고 하였는데 어찌 이 중생을 모르시나이까.'

5일째 밤이 되었다. 갑자기 서늘한 바람이 불어 마치 목욕한 듯이 기분이 상쾌해졌다. 눈앞에 창을 겨누고 있는 대신大神이 나타났다.

'어찌 나아가지 못하고 잠만 자는가?'

꿈이었다. 다시 일어났다. 10여 리쯤 가니 드디어 풀이 무성한 초원이 보였고 몇 걸음을 옮기자 연못이 보였다. 현장은 이곳에서 하루를 보내고 물을 채워 이틀을 더 가니 이오伊吾에 도착할 수 있었다.

지금까지의 이야기는 현장의 제자 언종이 편찬한 현장의 전기를 옮긴 것이다.

현장은 인도에서 산스크리트어, 불교 철학, 인도 사상을 배웠고 인도에서도 명성이 드높았다. 북인도의 할시아발다나 왕이 "모든 나라의 학승들은 빠짐없이 카냐굽자로 모여 중국의 대승 법사의 강론을 듣도록 하라."고 명령을 내릴 정도였다.

현장은 인도에서 520질 657부에 달하는 불교 경전을 당나라로 가져와 중국어로 번역하는 데 생애를 바쳤다.

━

1989년 1월 7일

히로히토 일왕 사망

━

히로히토(裕仁;1901~1989)는 메이지 일왕의 손자로, 1926년 아버지 다이쇼 일왕에게서 제124대 일왕으로 자리를 물려받았다. 그러나 메이지 유신 이전까지 실질적으로 일본을 통치했던 것은 막부의 장군이었다. 하지만 막부가 서양 세력에 대응하는 과정에서 몰락하자 막부의 권한은 다시 일왕에게 넘어갔고, 2차 대전까지 일왕은 국가 원수이자 군통솔자로서 그리고 살아 있는 신으로 떠받들어졌다.

일왕이 막부에게서 권한을 다시 가져왔지만 실질적인 힘은 일왕제를 떠받치고 있는 군부에게 있었다. 히로히토 일왕은 전쟁 중에도 주도권을 발휘할 수 없었고, 주로 군부의 결정을 공식적으로 확인하고 국내외에 발표하는 역할만 하였다. 그렇다고 막부 시대의 일왕과 같이 상징적

존재로서만 있던 것은 아니었다. 히로히토는 정부나 군부의 결정을 공식적으로 발표하기 전에 자신의 생각을 알렸다. 중국 난징을 침략한 일본군이 중국의 저항이 계속되자 일왕에게 휴전을 건의하였으나 왕의 거절로 전쟁을 계속했던 것이 한 예이다.

히로히토 일왕은 일본 최고 통치권자이자 최고 군통수권자로서의 상징적인 책임이 있었으며, 그 자신이 일본의 아시아 침략 정책을 직접 주도한 책임 또한 피할 수는 없었다.

짐은 세계의 대세와 제국의 현상에 비추어 비상 조처로써 시국을 수습하려 하며, 여기에 충성스런 국민에게 고한다. 나는 제국 정부에게 미 · 영 · 중 · 소 4개국의 공동 선언을 수락하도록 지시하였다…….

1945년 8월 15일 낮 12시 1분 전, 히로히토 일왕은 라디오를 통해 국민들에게 일본의 패전을 알렸다. 드디어 제2차 세계 대전이 끝나는 순간이었다. 그러나 일본인들에게 히로히토의 패배 발표란 일왕과 일본이 신의 보호를 받는다는 믿음이 깨어지는 순간이었다. 그리고 1946년 1월 1일 히로히토는 일왕 일가의 신성神性을 부정하는 '인간 선언'을 발표하였다.

짐과 국민은 서로 신뢰와 경애로 맺어졌으며 단순한 신화와 전설에 의한 것이 아니다. 일왕을 살아 있는 신으로 믿고 또한 일본 국민이 다른 민족보다 우월하기 때문에 세계를 지배할 것이라는 생각은 헛된 믿음에 불과한 것이다.

히로히토의 종전 발표와 인간 선언으로 일왕은 일본의 상징이자 일본 국민 통합의 상징으로만 존재하게 되었다. 하지만 1989년 1월 7일 히로히토가 죽은 후에도 일왕의 존재는 여전히 군사 대국을 꿈꾸는 일부 일본인들에게는 잊혀진 존재가 아니라 신적인 존재로서 남아 있다.

—

1989년 1월 7일

화학 무기 사용 금지 관련 파리 국제회의 개막

—

1989년 1월 7일 화학 무기 사용과 관련한 국제회의가 149개국의 대표들이 참석한 가운데 프랑스 파리에서 열렸다. 이 회의에서는 이란-이라크 전에서의 화학 무기 사용에 대한 제재 방안과 제네바 의정서의 권위 강화 방안을 의제로 논의하는 한편, 화학 무기 금지 협상의 조기 종결을 촉구하는 선언문을 채택하였다.

—

1948년 1월 7일

킨제이 보고서, 『인간 남성의 성적 행동』 출판

—

유부남의 30~45%는 아내 몰래 바람을 피우고, 남성의 90%는 자위행위를 한다.

－킨제이, 『인간 남성의 성적 행동』

킨제이(Kinsey, A. C.; 1894~1956)는 하버드 대학교에서 생물학을 전공하였고, 인디애나 대학교에서 동물학을 강의했다. 1948년 1월 7일 발표한 『인간 남성의 성적 행동』은 혼외정사, 동성애, 자위, 매춘 등에 대한 통계를 정확하게 제시해 놓은 것으로, 당시까지 거의 금기시해 오던 주제였기 때문에 큰 풍파를 불러일으켰다.

킨제이는 5년 후 두 번째 보고서인 『인간 여성의 성적 행동』을 발표했다. 이는 훨씬 더 자세한 연구서였지만 의회와 언론으로부터 심한 비판을 받았다.

1968년 1월 7일

미국, 달 탐사선 서베이어 7호 발사

미국 항공 우주국NASA은 1966년부터 1968년까지 7차례에 걸쳐 무인 우주 달 탐사선을 발사하였다.

1966년 5월 30일에 발사한 서베이어 1호는 무사히 달에 착륙하여 약 1만 장 이상의 사진을 지구로 송신하였으나, 곧이어 발사한 서베이어 2호는 실패하였고, 이듬해 4월 17일에 발사한 3호는 달에 연착륙하여 최초의 컬러 사진을 보냈다. 그러나 4호 역시 실패하였으며, 같은 해 9월 8일에 발사한 5호는 성공하여 달 토양의 성질 등을 분석했고, 두 달 후인 11월 7일에 발사한 6호 역시 달 착륙에 성공하여 달 표면 내의 이륙 실험을 완수했다.

마지막으로 1968년 1월 7일 발사한 서베이어 7호의 무게는 1,036kg으로, 달 표면에서 점프하는 데 성공하여 서베이어 1~7호 가운데 유일하게 달에서 이륙한 탐사선이 되었다.

1월의
모든 역사

1월 8일

■
·
■

—

881년 1월 8일

황소, 당나라 수도 장안 정복

—

당나라에서 송나라로 이어지는 시기는 '당송 변혁기'라고 부른다.
학자에 따라 이 시기를 중세에서 근세로 넘어가는 시기라고 하며,
혹은 고대에서 중세로 넘어가는 시기라고도 한다. 마치 우리나라에
서 남북국 시대와 고려 시대를 고대와 중세로 구분하는 것처럼, 중
국 역시 당에서 송으로 넘어가는 시기에는 크나큰 변화가 있었던
것이다. 황소의 봉기는 당송 변혁기에 당나라가 멸망하는 직접적인
원인이 되었다.

황소(黃巢; ?~884)는 중국 산둥 성에서 소금 장수의 아들로 태어났다. 그는 수차례 과거에 응시하였으나 번번이 떨어지고 소금 밀매로 생활을 유지하였다. 소금을 은밀히 거래한 것은 세금을 내지 않고 많은 이익을 내려는 속셈이었지만, 하루 세끼를 채우기 힘들던 농민들에게도 소금을 싸게 살 수 있는 유일한 방법이었다.

당시 당나라는 세금을 많이 거두기 위해 국가에서 소금을 관리하였다. 소금은 물과 같이 사람이 살아가는 데 꼭 필요한 것이었고, 이것을 국가가 관리한다는 것은 백성들의 생존권을 국가가 쥐고 있는 것을 의미했다. 당나라는 소금 전매제를 실시하여 많은 세금을 거둘 수 있었지만, 지나치게 많이 거둔 소금세는 전국적인 봉기의 원인 중 하나가 되었다. 지방 번진들은 백성의 불만과 봉기를 이용하여 자기 세력을 늘려갔고, 중앙에서는 관리들의 당쟁과 환관의 횡포가 겹쳐 점차 중앙 지배력이 약화되었다. 또한 소금 전매제와 같은 백성에 대한 수탈도 강화되는 바람에 토호나 상인층도 당나라 정부에 반기를 들기 시작했다.

황소가 당 왕조에 대항하기 전에 왕선지가 먼저 일어났고 황소는 이에 가담하였다. 한때 왕선지가 당나라 왕조가 벼슬을 준다는 꾐에 넘어가 투신하려 하자 황소가 반대하였다.

"우리는 당 왕조 밑에서 살 수 없어 일어난 것입니다. 모두 살기 위해 모인 것이죠. 우리 무리는 나라를 하나로 만들고 백성들을 구해야합니다. 그런데 장군 혼자만 벼슬길에 나가면 우리는 어떻게 하라는 것입니까."

왕선지는 황소의 말을 받아들였지만 결국 둘은 갈라지게 되었다. 황소는 양쯔 강을 건넌 후 뤄양을 거쳐 당나라의 수도 장안으로 향하였다. 황소는 강한 토벌대를 만나면 싸우지 않고 오합지졸인 군대를 만나면 이들을 물리치면서 전쟁을 이끌어 가는 유격전을 이용했다. 황소는 당 왕조에 반발하는 농민들의 적극적인 도움으로 쉽게 전쟁에서 승리할 수 있었다.

이 무렵 뒷날 당나라 황제 애제를 죽이고 후량을 건국하는 주전충도 황소의 군대에 들어왔다. 황소는 세력이 커지자 유격전을 포기하고 직접 당나라 군대와 대결하였다. 그리고 881년 1월(음력 880년 12월) 8일 장 안을 정복하고 국명을 대제大齊로, 연호를 금통金統으로 정하였다.

하지만 황소의 군대가 당 왕조를 몰아내자 병사들은 목표를 잃어버 려, 민가에 불을 지르거나 살인을 하였다. 또 쌀값이 폭등하여 병사들은 나무껍질을 먹으며 지내야 할 정도였다. 이때 주전충이 황소에게 반기 를 들고 일어나자, 당나라 황제는 사타족의 이극용을 불러들여 황소를 진압하였다.

주전충과 황제에 쫓기게 된 황소는 낭호곡에서 스스로 목숨을 끊었 다. 당나라는 황소의 봉기를 간신히 저지했지만, 이미 통제 능력을 상 실해 버려 이후 오대십국五代十國이라는 분열의 시대를 맞이하게 되었다.

1324년 1월 8일

이탈리아 여행가 마르코 폴로 사망

옷이 헤지고 매우 피곤해 보이는 얼굴의 한 나그네가 베네치아에 돌아 왔다. 그토록 보고 싶었던 고향을 거의 25년 만에 찾아온 것이었다. 그 러나 아무도 그를 알아보는 사람이 없었다. 고향 사람들에게 "나 마르 코예요, 모르시겠어요!"라고 외쳤으나 역시 마찬가지였다. 고향 사람들

은 어릴 때의 마르코만을 기억했고, 아버지와 함께 장사를 떠났다가 죽
었다고 생각했기 때문이었다. 마르코는 마을 사람들을 불러 모았다. 그
러고는 더러운 옷을 풀어헤쳤다. 갑자기 쏟아지는 루비와 다이아몬드,
에메랄드……. 마을 사람들은 다시 한 번 마르코를 쳐다보았다. 동쪽으
로 장사하러 갔다던 마르코가 정말로 돌아온 것이다.

마르코 폴로(Polo, M.; 1254~1324)는 이탈리아 베네치아 출신의 여행
가이다. 상인인 아버지와 함께 1271년 지중해의 항구 도시 라이아스를
출발하여 서아시아와 중앙아시아를 거쳐 원나라의 수도인 대도에 이르
렀다. 그곳에서 마르코 폴로는 쿠빌라이 칸에게 벼슬을 받아 17년 동안
여러 관직을 두루 거치며 중국 각지를 여행하였다.

1290년 마르코 폴로는 일 칸국의 아르군 칸에게 시집가는 원나라의
공주 코카친의 여행 안내자로 선발되었다. 마르코 폴로 일행은 푸젠 성
의 취안저우를 떠났다. 자바, 말레이, 스리랑카, 말라바르 등을 지나 이
란의 호르무즈에 도착하였으나, 아르군 칸은 이미 죽었기 때문에 공주
를 그의 아우인 가이하투 칸에게 안내하였다. 그리고 마르코 폴로는
1295년에 베네치아로 돌아왔다.

마르코 폴로의 저술로 유명한 『동방견문록』의 원제목은 『세계에 대
하여』이다. 이 책은 마르코 폴로가 귀국 후 베네치아와 제노바의 전쟁
에 참가했다가 포로가 되었을 때, 제노바 감옥에서 루스티첼로라는 사
람에게 자기의 동방 여행 경험을 적도록 한 것이다. 책을 펴보면 다음
과 같은 글들이 있다.

쿠빌라이 칸이 있는 궁전은 손님을 맞이하는 방들을 모두 금칠했고, 궁

전 안에는 샘물과 잔디밭이 많다. 칸은 이곳에서 수사슴과 노루 따위를 키워 새장 안에 있는 매에게 먹이로 준다. 그리고 궁전 안에 대나무로 만든 궁전이 있는데, 대나무의 두께는 세 뼘이 넘고 칸이 원하기만 하면 언제든지 이동할 수 있었다…… 놀라운 것은 궁궐인데, 궁궐은 온통 순금으로 뒤덮여 있으며 걸어 다니는 바닥에도 금벽돌이 깔려 있고 그 두께가 손가락 두 개는 될 만하다.

마르코 폴로는 자기의 경험담을 얘기하면서 '100만'이라는 수를 많이 말했다고 한다. 100만의 인구가 이렇고, 100만의 군대가 저렇고 하면서 말이다. 이는 당시 유럽 사람들이 광대한 동쪽 지역을 상상하기 힘들기 때문이었다. 그래서 그에게는 '떠버리'라는 뜻의 '밀리오네 Milione', 즉 '100만'이라는 별명이 붙었다.

마르코 폴로가 전해 주는 많은 이야기들은 당시 유럽 사람들뿐만 아니라, 지금 우리의 귀로 들어도 진실성에 의심이 가는 부분들이 많다. 하지만 우리가 잊어서 안 될 점은 마르코 폴로가 살던 시대의 사람들이 어떤 생각을 하였는지 곰곰이 생각해 보아야 한다는 것이다. 그때 사람들은 지금과 같이 과학이 발달되어 둥근 달이 화산으로 덮여 있다든지, 혹은 베네치아에서 비행기를 타고 일주일 안에 중국을 다녀올 수 있다든지 등의 상상을 할 수 없었다. 중세 유럽 사람들은 가톨릭이라는 종교의 권위와 기적을 무조건 믿고 있었으며, 지구 끝으로 가면 큰 낭떠러지가 있을 것이라고 생각했다. 그들은 다른 문명과 지역에 대해 알지 못하였으며 두려워하였다. 마치 우리가 우주 저 너머에 우주인이 살고 있는지 아닌지 모르는 것과 마찬가지이다. 언젠가는 우리의 생각이 어리석다고 말할 후손이 있을 것이다.

마르코 폴로는 동방을 경험하면서 전해 들었던 이야기가 결코 거짓말이 아니라고 믿었고, 비록 '떠버리'라고 불렸지만 그의 친구들도 마르코의 말을 부정할 수는 없었다. 1324년 1월 8일 사망할 때까지 마르코 폴로의 말과 글은 당시 사람들에게 황당한 것으로 여겨지는 동시에 또 다른 호기심을 자극했다. 황금이 뒤덮인 동방으로 가서 장사하여 많은 이익을 남겨 큰 부자가 되겠다는 사람들이 생겨났고, 동방 세계로 가 선교하겠다는 생각을 가진 유럽인들도 생겨났다.

그리고 얼마 뒤 유럽인들은 인도로 가는 새로운 항로를 개척하게 되었고 아메리카 대륙을 발견하였다.

—
1918년 1월 8일
미국 윌슨 대통령, 민족 자결주의 원칙 제창
—

제1차 세계 대전 말기인 1918년 1월 8일, 미국의 28대 대통령이었던 토머스 윌슨(Wilson, T. W.; 1856~1924)은 '민족 자결주의 원칙'을 제창하였다. 민족 자결주의는 한 민족이 다른 민족이나 국가의 간섭을 받지 않고 자신의 정치적 운명을 스스로 결정할 수 있다는 것을 의미한다. 민족 자결주의의 기원은 프랑스 혁명기의 사상가 루소에게서 찾을 수 있지만 정치적 슬로건으로 등장한 것은 이때였다.

민족 자결주의 원칙은 1919년 제1차 세계 대전 승전국들이 모여 1차 대전 이후의 상황을 의논한 파리 강화 회의에서 채택되었다. 우리나라의 3 · 1 운동도 당시 팽배했던 민족 자결주의에 고무되었으며, 우리나라를 비롯한 많은 식민지 국가들에게 큰 영향을 미쳤다.

1942년 1월 8일

영국 물리학자 스티븐 호킹 출생

스티븐 호킹(Hawking, S.; 1942.1.8~)은 1942년 1월 8일 영국의 옥스퍼드에서 태어났다. 1959년 옥스퍼드 대학교에 입학하였고, 1962년 케임브리지 대학원에 들어갔다. 그는 21살 때인 1963년부터 전신이 서서히 마비되어 가는 루게릭병을 앓아 신체 중 두 손가락만 움직이게 되었다.

1965년부터 펜로즈와 함께 블랙홀의 특이점 연구를 시작해 1967년에 발표하였다. 1974년 블랙홀 폭발 이론을 발표해 이례적으로 젊은 나이에 영국 왕립 협회 회원으로 선출되었다. 그는 우주 탄생의 신비를 밝힌 빅뱅 이론, 블랙홀의 증발, 양자 중력론 등 혁신적인 이론으로 현대 천체 물리학의 대부로 떠올랐다.

현재 호킹은 아인슈타인도 이루지 못했던 현대 물리학의 마지막 목표인 양자론과 일반 상대성 이론을 통일시키려는 연구에 몰두 중이다. 우주의 생성과 역사 등을 알기 쉽게 풀어 쓴 『시간의 역사』는 1988년에 출간한 뒤 40여 개국에서 1,000만 권 이상 팔렸다.

1959년 1월 8일

프랑스 드골 대통령 취임

드골(de Gaulle, C. A. J. M.; 1890~1970)은 프랑스의 릴에서 태어나 육

군 사관 학교를 졸업한 정치인이다. 1937년에 대령으로 승진한 그
는 1939년 제507 기갑 연대장으로서 제2차 세계 대전을 맞게 되었다.
1940년 제4 장갑 사단을 지휘하다가 국방부 차관으로 기용되었다. 파
리가 함락되자 런던에서 자유 프랑스 민족 회의를 결성하고 독일에 대
항하였다. 연합군이 북아프리카에 상륙한 후에는 국민 해방 프랑스 위
원회를 만들었고, 1944년 파리로 돌아와 임시 정부의 수반이 되었다.

1959년 1월 8일에 대통령으로 취임하여 알제리 분쟁을 평화적으로
해결하였다. 1962년 10월 대통령 직선제를 통해 드골 체제를 완성하
였으며, '위대한 프랑스'라는 구호로 유럽의 민족주의를 일으키기 위
해 노력했다.

—

1935년 1월 8일

미국의 팝 가수 엘비스 프레슬리 출생

—

부드럽게 사랑해 주오. Love me tender
달콤하게 사랑해 주오. Love me sweet
내 곁을 떠나지 마오. Never let me go.
당신은 내 인생을 완전하게 했어요. You have made my life complete
그래서 이토록 당신을 사랑합니다. And I love you so.

이처럼 부드러운 노래를 부른 엘비스 프레슬리(Presley, E.;
1935~1977)는 1950~1960년대 팝계에서 가장 큰 인기를 누렸던 로큰
롤의 제왕이었다.

엘비스 프레슬리는 1935년 1월 8일 미국의 미시시피 주에서 태어났
다. 어릴 때 성가대에서 노래한 적이 있었고, 고등학교를 졸업한 뒤 크
라운 전자 회사에서 트럭 운전사로 일하게 되었다. 이때 모은 돈으로
앨범을 제작한 엘비스는 흑인의 리듬 앤 블루스를 로큰롤에 가미시켜
독특한 창법을 보여 주었다.

엘비스의 노래는 민요와 같은 음악만 듣던 당시 미국인들에게 열광
적인 호응을 받게 되고, 상업적인 능력이 뛰어난 프로듀서를 만나 레코
드 업계를 완전히 혁신시켰다. 히트곡으로는 「Heartbreak Hotel」「Love
me tender」「Are you lonesome tonight」「Can't help falling in love」 등
이 있으며, 지금까지도 그를 사랑하는 팬들은 그의 생존을 믿고 있을
정도이다.

1월의
모든 역사

1월 9일

1969년 1월 9일

초음속 여객기 콩코드 첫 비행

콩코드 비행기가 세상에 첫선을 보이자 항공 전문가들은 유럽과 아메리카 대륙을 가로막고 있는 대서양의 시차를 없앴다고 하여 '태양보다 빠른 비행기'란 별명을 붙여 주었다. 콩코드 비행기는 마하 2.04의 속도로 불과 3시간 만에 대서양을 주파했던 것이다.

콩코드 비행기는 영국과 프랑스가 협력해서 개발한 초음속 여객기이다. 1969년 1월 9일에 첫 비행을 했으며 1976년에 상업 운항을 시작하였다. 주로 알루미늄 합금으로 제작되었고, 4개의 엔진을 이용해 마하 2의 속도로 비행한다. 콩코드 비행기는 130인승으로 6,000km를 비행할 수 있는 성능을 가지고 있다.

콩코드 비행기가 마하 2의 초음속을 낼 수 있는 이유는 고성능 엔진의 역할이 결정적이지만, 이 외에도 공기 저항을 줄이기 위한 많은 과학적 비밀이 숨어 있다. 한 예로 콩코드 비행기는 날개가 매우 짧다. 이것은 초음속 전투기에서도 볼 수 있는 것으로 고속 비행을 위해 개발된 것이다. 그리고 콩코드 비행기는 제일 앞부분인 노즈Nose가 구부러져 있다. 이것은 비행기 이착륙 시 조종사의 시야를 확보하기 위해 긴 노즈를 구부린 것으로, 이륙과 동시에 노즈를 바로 올려서 공기 저항을 줄인다.

그러나 콩코드 비행기는 소음과 대기 오염 등의 문제가 심각하여 1976년 11월에 완성된 16기를 마지막으로 생산을 중단하였다. 더구나 2000년 파리의 샤를 드골 국제공항에서 이륙했던 콩코드 비행기가 추락하여 113명이 숨지는 대형 사고를 낸 뒤 승객 감소 등으로 어려움을 겪었다. 결국 2001년 9 · 11테러 이후 항공 산업의 전반적 침체가 이어지자 운항을 완전 중단하는 운명을 맞게 되었다.

1913년 1월 9일

미국 닉슨 대통령 출생

리처드 닉슨(Nixon, R. M.; 1913~1994)은 1913년 1월 9일에 미국 캘리
포니아 주에서 태어났다. 1968년 미국의 37대 대통령에 당선되었으며
1972년 재선되었다. 미국과 중국의 관계 개선을 위해 미국 대통령으로
는 처음으로 중국을 방문하는 외교적 성과를 올렸다. 1969년 닉슨은
아시아에 베트남 전쟁과 같은 군사적 개입을 하지 않겠다는 '닉슨 독트
린'을 발표했으나 1974년 워터게이트 사건으로 대통령직에서 사임하
였다.

1947년 1월 9일

독일 사회학자 만하임 사망

카를 만하임(Mannheim, K.; 1893~1947)은 헝가리 부다페스트에서 태
어났다. 부다페스트 대학교에서 철학을 전공한 후 1912년부터 독일에
서 공부하였다. 이곳에서 '지식 사회학'이라는 새로운 사회학 분야를
개척하였다.

지식 사회학은 지식이 사회의 소산임을 문제로 삼고, 지식이 어떠한
사회적 요인을 조건으로 취하며 또 그 요인과 어떻게 기능적 관련을 갖
느냐에 관심을 둔 것이다. 그는 또한 역사적 사실을 사회학적인 면에서
고찰하는 역사 사회학에도 관심을 기울였다.

1947년 1월 9일 사망하였으며, 주요 저서로 『지식 사회학의 문제』
『이데올로기와 유토피아』 등이 있다.

1월의
모든 역사

1월 10일

■
·
■

1863년 1월 10일

세계 첫 지하철 개통

대도시의 철도는 소음 방지, 도시의 미관과 철로를 깔 수 있는 용지 확보의 어려움 때문에 주로 도로 밑에 건설되고 있다. 도시 주변에는 지상에 건설되기도 하나, 도시의 지하 철도를 중심으로 동일 기관에서 운영할 경우에는 이들을 전부 '지하 철도' 또는 '지하철'이라고 부른다.

지하철을 배경으로 도시 생활의 단면을 드러내는 뮤지컬 『지하철 1
호선』은 독일 그립스 극단의 원작을 번안한 것이다. 백두산에서 풋사
랑을 나눈 한국 남자 '제비'를 찾아 서울로 온 연변 처녀 '선녀'. 하루 동
안 지하철 1호선과 그 주변에서 부딪치고 만나게 되는 서울 사람들. 제
비가 건네준 주소와 사진만을 의지해 곧 그를 만날 수 있으리란 희망에
부풀었지만 지하도에서 걸인 문디와 땅쇠 그리고 어디선가 본 듯한 빨
강바지를 만나면서 그녀의 기대는 조금씩 어긋나기 시작하는 이야기의
『지하철 1호선』은 지하철의 대중적 성격과 일반 서민의 삶을 교차시키
며 이야기를 풀어내고 있다.

지하철이 처음으로 등장한 것은 1863년 1월 10일의 일이었다. 영국
런던에서 처음 선보였던 지하철은 증기 기관차로 운영되다가 1890년
전기 철도 방식으로 바뀌었다. 그 후 제1차 세계 대전이 발생한 1914년
에 전 세계 여러 도시에서 지하 철도 건설 붐이 일어났다. 미국에서는
1901년 보스턴에 처음으로 등장하였고, 뉴욕의 지하철은 1904년에 개
통되었다. 우리나라는 서울시 지하철 1호선인 서울역~청량리 구간이
1974년 8월 15일에 개통되었다.

지하철은 도시를 중심으로 운행되기 때문에 세계 각국에서는 교통 혼
잡과 출퇴근 시 직장인의 불편을 줄이기 위해 여러 가지 대책을 내놓고
있다. 일본 도쿄의 전철인 야마노테 선은 출퇴근 시 발생하는 혼잡을 줄
이기 위해 객실 의자를 접고 운행한다. 또한 도쿄 지하철 12호선은 장애
인을 위한 공간이 별도로 마련되어 있다. 독일 베를린 시의 지하철은 자
전거를 갖고 지하철에 오를 수 있도록 되어 있다. 자전거를 세워둘 수
있는 열차 차량이 따로 마련되어 있어 그곳에 자전거를 싣고 지하철에
서 내리면서 다시 자전거를 타고 나가면 되는 시스템으로, 최근 우리나

라에도 자전거를 실을 수 있는 지하철이 만들어졌다.

1778년 1월 10일

스웨덴 식물학자 린네 사망

길이의 단위인 cm, 무게의 단위인 kg 등이 전 세계적으로 통일되어 있
는 것처럼 다양한 생물의 종種을 확인하고 종에 대해 의미 있는 이름을
붙이려는 시도가 계속되어 왔으며 린네가 그 기준을 제시하였다.

근대 분류학의 창시자이며 이명법二名法을 고안한 칼 린네(Linné, C.
von; 1707~1778)는 스웨덴에서 목사의 아들로 태어났다. 원예를 좋아
한 아버지의 영향을 받아 어릴 때부터 어린 식물학자로 소문이 자자하
였다. 스웨덴의 룬트 대학교에서 의학을 공부했으나, 식물학과 자연사
에 관심이 있던 그는 웁살라 대학교를 거쳐 네덜란드에서 활약하였다.
1735년 『자연의 체계』를 출판하여 동물계 · 식물계 · 광물계의 구분을
제시하였고, 1737년에는 『비판적 식물학』을 통해 새로운 명명법을 제
안하였다.

린네가 제안한 '이명법'은 속명屬名과 종명種名을 나란히 쓰는 것으로,
오늘날에도 생물학의 기본적인 분류 체계로 사용되고 있다. 예를 들면
사람의 학명은 Homo sapiens인데, Homo는 속명이고 sapiens는 종명
이다. 그리고 속명의 첫 글자는 대문자로, 종명은 소문자로 나타내도록
하였다.

린네의 이명법은 한 생물에 대해 생각하고 말하고 글쓰기에 유용하

였으며, 과학자들이 서로의 지식을 교환하는 데 도움을 주었다. 린네의 업적 가운데 또 하나 중요한 것은 종의 개념을 명확히 한 일이다. 그는 종이 식물학의 기본 단위가 된다고 보았으며, 성서적인 가르침에 따라 변하지 않는다고 보았다. 종이 불변한다는 그의 생각은 다윈 이후 진화론에 의해 거부되기는 했지만, 동식물 분류학과 자연사 연구는 그의 노력에 힘입어 든든한 기틀을 잡을 수 있었다.

1738년에 린네는 스톡홀름으로 돌아와 웁살라 대학교의 교수가 되었다. 그의 명성이 알려지면서 많은 학생들이 웁살라 대학교로 모여들었으나, 1774년 강의 중에 뇌일혈로 쓰러진 린네는 4년 뒤인 1778년 1월 10일 후유증으로 사망하였다.

—

2002년 1월 10일

남아프리카 공화국, 세계 최고最古의 추상화 발견

—

2002년 1월 10일 남아프리카 공화국의 한 동굴에서 약 7만 년 전에 그린 것으로 추정되는 추상화가 발견되었다. 뉴욕 주립 대학교의 헨실우드 박사가 공식적으로 보고한 이 추상화는 케이프타운에서 동쪽으로 300km쯤 떨어진 볼롬보스 동굴에서 발견되었으며, 중석기 시대의 적토 조각 위에 그려져 있었다. 이로써 현생 인류의 근대적 행동 양식은 약 4만 년 전부터 시작하였다는 기존의 이론은 7만 년 전으로 거슬러 올라가게 되었고, 인류의 역사는 새로운 한 장을 쓰게 되었다.

1971년 1월 10일

프랑스 디자이너 샤넬 사망

'코코 샤넬'이란 이름으로 더욱 익숙한 여성복 디자이너 가브리엘
샤넬(Chanel, G.; 1883~1971)은 1883년 프랑스에서 태어나 1971년 1월
10일에 사망하였다. 그녀는 샤넬 스타일을 창조하여 남성 디자이너들
이 주도했던 여성복 세계에서 승리한 첫 번째 여성 디자이너로 평가
받는다.

그녀의 복잡하지 않은 승마 재킷, 스웨터와 바지 등은 자신의 해방을
갈구하던 여성들의 유니폼이 되다시피 하였으며, 장식으로 가득했던
여성복에서 여성을 해방하는 실마리를 만들었다.

2000년 1월 10일

타임 워너와 아메리카 온라인 합병

2000년 1월 10일 미디어 그룹인 타임 워너와 인터넷 그룹인 아메리
카 온라인AOL이 합병하여 세계 최대의 미디어 그룹이 탄생하였다. 이들
의 합병으로 만들어진 새로운 미디어 그룹의 이름은 'AOL 타임 워너'
이며, 매출 규모만 300억 달러를 넘어설 것으로 예상되었다.

1월의
모든 역사

1월 11일

■
· · ·
■

1913년 1월 11일

티베트-몽골 우호 동맹 조약 체결

몽골과 티베트는 만주인(청나라)의 지배로부터 자유로운 독립 국가가 되었고, 종교 공동체로서 결맹하였음을 선언한다.

-티베트-몽골 우호 동맹 조약

1913년 1월 11일, 티베트는 몽골과 우호 동맹 조약을 체결하였다. 1911년 신해혁명으로 만주족의 청나라가 무너지고 중화민국을 선포해 티베트가 사실상 독립 상태가 되었기 때문이었다. 티베트-몽골 사이의 우호 동맹 조약은 1950년까지 유지되었으나, 이해 10월 7일 중화 인민 공화국의 인민 해방군 4만여 명이 티베트에 침공함으로써 티베트는 독립 을 상실하게 되었다.

티베트는 인도와 히말라야 산맥의 북쪽에 위치하고 있으며, 기원 전 후 한나라 대에 저족, 강족이라 불리었던 유목 민족이 티베트족의 기원 으로 추정된다. 7세기 초에는 티베트를 중심으로 토번이 일어나 통일 국가를 형성하였다. 그러나 842년 내분이 발생하여 400년 동안 혼란이 계속되었다.

1253년 원나라의 몽케 칸이 군대를 파견하여 티베트 전역을 장악한 이후, 명 · 청 시대에는 중국의 종주권 밑에 속하여 라마교의 지배자가 정치적 지배권도 함께 가지게 되었다. 청나라 초기에는 라마교의 황모 파가 지배권을 장악하였고, 청 태조 누르하치는 그 지배자에게 '달라이 라마'라는 칭호를 부여하였다. 또 건륭제는 달라이 라마의 권력 기관으 로 티베트의 지방 정부인 가샤를 정해 주었다.

그러나 18세기 후반부터 영국과 러시아가 티베트를 그들의 세력권 으로 만들려는 활발한 공작을 벌였다. 제국 열강은 티베트 상류층의 일 부와 결합, 티베트를 청나라로부터 떼어 내려 하였으나 실현되지 못했 다. 신해혁명 후 중국의 국민당 정부는 1930년부터 티베트에 관리를 파견하였고, 1934년에는 라싸에 몽장 위원회 티베트 사무소를 설치해 중국의 종주권을 유지하였다. 제2차 세계 대전 당시 중립을 지켰던 티 베트는 종전 이후에도 독립 정부를 구성하였으나, 1950년 10월 중국 공산당군의 침공을 받게 되었다.

1959년 3월 20일 중국은 달라이 라마가 거주하는 티베트 수도 라싸의 노불링카 궁전을 폭격하였다. 그리고 라싸 시내와 포탈라 궁전과 사원들을 공격하여 수많은 승려와 시민이 죽었다. 하지만 14세의 달라이 라마는 궁전이 폭격되기 전에 궁을 탈출하여 호위병과 여러 부족의 도움으로 히말라야를 넘어 인도로 망명했다. 인도의 수상이었던 네루는 달라이 라마를 정중히 맞아들였고, 이 소식은 전 세계의 톱뉴스로 다뤄졌다. 달라이 라마는 곧 성명서를 발표하였다.

"티베트에서 일어난 비극에 대하여 진심으로 유감스러우며, 더 이상 유혈극 없이 이 고통이 끝나기를 갈망합니다."

이에 대하여 중국 정부는 "이른바 달라이 라마의 성명서는 거짓이며, 반역자들이 달라이 라마를 납치해 꾸민 것이다."라고 반박하였다.

현재 티베트는 중국으로부터 독립을 원하고 있지만 중국은 티베트의 독립을 인정하지 않고 있다. '역사상 티베트가 중국의 일부인 적이 있었는가?' 하는 문제로 '티베트가 중국으로부터 독립해야 하는가'라는 문제를 풀 수는 없다. 역사 공동체와 국가는 별개의 존재이기 때문이다.

1929년 1월 11일

로마 교황청, 바티칸 시국으로 독립

인구 1,000명의 국가, 국토 면적 0.44km². 중세 유럽을 지배했던 로마 교황청은 1929년 1월 11일 바티칸 시국으로 이름을 바꾸고 세계에서 가장 작은 국가로 독립하였다.

이탈리아 로마 북서부에 위치한 바티칸 시국은 성 베드로 대성당과 성당 주변, 로마에 있는 성당과 궁전을 포함한 13개의 건물, 카스텔 칸돌포의 교황 관저가 국토의 전부이다. 로마 교황청은 19세기에 들어 이탈리아가 근대 통일 국가로 탈바꿈하면서 교황청 직속의 교황령을 상실하였다. 이후 이탈리아와 라테라노 협약을 맺어 1929년 독립국이 되었다. 바티칸의 교황청은 전 세계 가톨릭교회를 대표하는 최고 통치 기관으로, 교황이 교황청의 입법 · 사법 · 행정 등의 모든 권한을 가지고 있다.

교황은 세계 각국과 각 지역의 추기경들로 구성된 추기경단 회의에서 선출된다. 국방은 이탈리아에 위임하였고 스위스 근위병만 몇 명 있을 뿐이다. 바티칸의 주 수입원은 신자들의 기부금과 바티칸 소유의 부동산 임대, 바티칸 은행의 투자 사업, 우표 · 출판물의 판매, 관광 수입이다.

―

1928년 1월 11일

영국 작가 토머스 하디 사망

―

토머스 하디(Hardy, T.; 1840~1928)는 19세기 후반의 영국 문학을 대표하는 작가이다. 석공의 아들로 태어나 어려운 생활을 하였으며, 어머니에게서 문학적 감수성을 물려받았다. 성性을 바탕으로 한 남녀의 사랑을 대담하게 표현하였고, 종교인의 위선적인 모습을 비판하여 소위 도덕가와 종교가 들에게 많은 비난을 받았다.

1910년에 메리크 훈장을 받았으며 만년에 자타가 공인하는 존재가 되어 영국 문단의 원로로 인정받았다. 1928년 1월 11일 사망하였으며,

대표작으로는 『귀향』 『테스』 『패왕들』 등이 있다.

1월의
모든 역사

1월 12일

.
.
.

B.C. 49년 1월 12일

카이사르, 루비콘 강을 건너다

루비콘 강을 건너려던 카이사르에게 갑자기 불안감이 밀려들어 왔다. 카이사르는 한동안 강물을 내려다보며 말없이 강가에 우뚝 서 있었다. 가벼운 바람이 귓가를 스쳐가면서 군대의 깃발을 흔들었다. 그를 따르던 장군과 병사 들은 무표정한 얼굴이었지만 긴장된 모습으로 서 있었다. 카이사르가 외쳤다.

"나아가자! 신의 은총이 우리에게 내릴 것이다. 신이 기다리는 그곳으로, 우리의 명예를 더럽힌 적들이 있는 그곳으로. 주사위는 던져졌다!"

B.C. 49년 1월 12일, 로마의 율리우스 카이사르(Caesar, J.; B.C. 100~B. C. 44)와 군대는 루비콘 강을 건넜다. 카이사르는 B.C. 58년부터 로마의 속주인 갈리아(오늘날의 프랑스 · 벨기에 지역)의 지방 장관이 되어 B.C. 50년까지 갈리아 전쟁을 지휘하였다. 카이사르는 갈리아를 평정하였고 게르만족의 땅과 브리튼 섬을 침공하였다. B.C. 52년에는 베르킨게토 릭스의 주도 아래 갈리아인의 대반란이 일어났으나, 이 역시 진압하여 갈리아 전쟁은 종지부를 찍고 평온을 되찾게 되었다.

오랜 갈리아 전쟁은 그의 군사적 실력과 정치적 영향력을 증대시켜 주었다. B.C. 53년 크라수스가 메소포타미아에서 쓰러지자 제1회 삼두 정치는 붕괴되고 폼페이우스와 카이사르가 대결하게 되었다. 원로원의 보수파는 로마를 지키고 있는 폼페이우스를 지지하였고 카이사르와의 관계가 악화되어 마침내 충돌하기에 이르렀다. 원래 삼두 정치의 결정 상 B.C. 48년에는 카이사르가 집정관으로 취임하게 되어 있었지만 폼 페이우스와 결합한 원로원은 카이사르에게 무장 해제를 요구하였고, B.C. 49년 1월 1일 카이사르를 해임했다.

이제 카이사르가 내릴 수 있는 결정은 두 가지 중 하나였다. 원로원 의 결정을 따라 갈리아의 통솔권을 포기하는 것 혹은 원로원과 폼페이 우스에게 대항하는 것이었다. 원로원의 명령에 따르지 않는 것은 내란 을 일으키는 것으로 그 결과는 아무도 예측할 수 없었다. 카이사르는 단호한 결정을 내리고, 즉시 이탈리아와 갈리아를 가르는 루비콘 강을 건너 로마로 진격했다. 카이사르가 군단을 이끌고 루비콘 강을 건너자 폼페이우스는 대항하지 못하고 에피루스로 도망하였으나 이집트에서 암살당하였다. 카이사르는 이집트를 정복하고 프톨레마이오스 15세와 클레오파트라를 옹립했다.

카이사르는 로마로 개선하여 독재관에 취임하였고 10년 임기의 집정관이 되었다. 이로써 로마 공화제의 전통은 끝나게 되었으며, 카이사르는 종신 집정관이 되어 철저한 독재 체제를 세웠다. 훗날 카이사르가 브루투스에게 암살되어 잠시 공화제가 복귀되는 듯하였으나 옥타비아누스에 의해 다시 무너지고 로마는 제정 시대로 접어들었다.

카이사르는 비록 독재자였지만 오늘날의 시각으로 그를 평가하는 것이 무조건적으로 옳지는 않다. 고대인들에게 오늘날의 정치의식과 윤리 의식을 강요할 수는 없기 때문이다. 즉 당시의 시대적 한계를 살펴볼 수 있어야 한다.

카이사르는 갈리아의 장관이 되어 로마 문화를 전 유럽에 전파한 인물이었고, 독재관이 되어서는 알프스 이남의 갈리아 사람들에게도 로마 시민권을 확대하였으며, 세제 개혁을 단행하고 토지를 공정히 배분하려 하였다. 또한 새로운 태양력인 율리우스력을 만들어 계절의 구분을 명확히 하였고, 로마 시 건설에 많은 힘을 쏟았다. 그는 역사에도 많은 관심을 기울여 『갈리아 전기』 『내란기』를 집필하였으며, 이 기록들은 로마 이외의 유럽을 살필 수 있는 중요한 자료로 평가받고 있다.

—

1746년 1월 12일

스위스 교육자 페스탈로치 출생

—

허름한 차림의 한 노인이 아이들이 뛰어 노는 모습을 보고 있었다. 그러다 문득 거리에서 깨진 유리 조각을 발견하자 주머니에 담고는 흐뭇한 미소로 다시 아이들을 쳐다보았다.

'사랑의 교육자' '근대 교육의 아버지'라 불리는 페스탈로치(Pestalozzi, J.: 1746~1827)는 1746년 1월 12일 스위스 취리히에서 태어났다. 취리히 대학교를 다니던 학생 시절에는 애국자 단체에 소속되어 사회 운동에 가담하였으며, 노이호프에 농민 학교를 세웠으나 실패하고 책 쓰는 일로 세월을 보냈다. 1798년 프랑스 혁명의 여파가 스위스로 밀려왔을 때는 슈탄스에 고아원을 설립하여 전쟁 고아를 돌보았다. 페스탈로치의 교육 철학으로는 인격 도야론, 민중 교육론, 가정 교육론 등을 일컬을 수 있다.

사랑하는 제자 그리브스에게.

교육은 인간이 창조주로부터 선물받은 모든 능력을 자유롭고 충실하게 활용하도록 다지는 것입니다. 사회적인 측면에서의 교육은 인간을 사회에서 필요한 구성원으로 이끄는 것이고, 개인적인 차원에서의 교육은 인간에게 행복을 부여하는 데 기여해야 합니다. 이 행복은 외부적인 환경에서 나오는 것이 아닙니다. 행복은 마음에 있는 세계와 밖에 있는 세계와의 조화를 의미하며, 자기의 욕망을 알맞게 절제하도록 도와줍니다. 자기의 처지가 불우하다거나 가난한 것은 수치가 아닙니다. 오히려 마음이 비좁거나 명예감이 모자란 데서 오는 의존심이 수치스러운 것입니다……

1819년 4월 25일 페스탈로치가.

페스탈로치가 제자에게 보낸 이 편지는 학생의 소질을 계발하고 인격을 닦아 사회에 기여할 수 있도록 키워 내야 한다는 교육의 목적과, 교육의 효과가 어떤 것인지에 대한 그의 사고가 담겨 있다.

페스탈로치는 계층 간의 불평등을 없애기 위해 민중에게 역사와 문화에 대한 주인 의식을 깨우는 교육이 필요하다고 주장했으며, 국가에도 강력히 요구하였다. 한편 그는 모든 기초가 가정에서 생긴다고 생각하여 어머니와 어린아이 사이의 사랑의 대화가 이루어져야 한다는 주장을 하였다. 즉 자식 교육을 위해 중요한 것은 사랑이라는 것이었다.

"궁궐 속의 어머니는 아이들을 질식시키고 있지만, 다리 밑의 거지 어머니들은 아이들을 들장미처럼 아름답게 키워 내고 있다."

페스탈로치는 교육으로 인류를 구원할 수 있다는 신념을 확고히 가지고 있었다. 그가 노년에 쓴 『백조의 노래』에서 인간성에 대한 깊은 신뢰와 신에 대한 순수한 신앙을 발견할 수 있는 것도 이 때문이다.

—

1893년 1월 12일

독일 나치 전범 괴링 출생

—

"나는 양심의 가책을 느끼지 않는다. 아돌프 히틀러가 나의 양심이다."

제2차 세계 대전에서 게슈타포를 조직하고 강제 수용소를 만들어 악명을 떨친 헤르만 괴링(Göring, H.; 1893~1946)은 1893년 1월 12일 독일 로젠하임에서 태어났다. 1923년 11월 히틀러의 반란에 참가하여 그의 신임을 얻었으며, 히틀러가 정권을 잡은 1933년에는 프로이센의 총리가 되었다. 2차 대전이 일어나자 공군을 지휘했으나 전쟁이 끝난 후 체포되었다. 괴링에게는 사형 선고가 내려졌으며, 그는 처형을 앞두고 자살하였다.

1989년 1월 12일

중국, 반체제 지식인 팡리즈 해임

중국의 민주화 운동을 주도한 팡리즈(方勵之; 1936~)는 베이징에서 태어난 우주 물리학자이다. 베이징 대학교에서 물리학을 전공하고 중국 현대 물리학 연구소에 재직하였다. 1950년대 말 그는 민주주의자로 몰려 공산당 당적을 박탈당하였으며, 1986년에는 그가 교수로 재직 중이던 대학교에서 학생들이 민주화 운동을 일으키자 시위를 주도하였다는 명목으로 교수직에서 물러나게 되었다.

1989년 1월 덩샤오핑에게 민주화 운동으로 구속된 정치범을 석방하라는 서신을 보냈던 팡리즈는 1989년 톈안먼 사태가 발생하자 1월 12일 중국 정부에 의해 해임되었고 베이징 주재 미국 대사관에 피신하였다. 이듬해 아내와 함께 영국으로 망명했으며, 저서로는 『현대 청년 지식인의 사회적 직책』이 있다.

1950년 1월 12일

미국, 애치슨 선언 발표

1950년 1월 12일, 미국의 애치슨 국무 장관은 워싱턴 내셔널클럽에서 「아시아의 위기」라는 연설을 하였다. 한국과 타이완을 미국의 동아시아 방위선에서 제외한다는 내용의 이 연설은 '애치슨 선언'이라는 이름으로 더욱 유명하다. 당시 대한민국의 이승만 대통령은 애치슨 선언을 취소해 달라고 요구하였으나 묵살되었다.

—

1949년 1월 12일

일본 소설가 무라카미 하루키 출생

—

일본이 자랑하는 작가 무라카미 하루키(村上春樹; 1949~)는 1949년 1월 12일 교토에서 태어나 효고 현에서 성장하였다.

1968년 와세다 대학교에 입학한 그는 일본 학생 운동의 절정기였던 전공투 시대를 겪었으며, 재학 시절 현재의 아내와 만나 결혼하였다. 대학 졸업 후 아내와 재즈바를 운영하였던 하루키는 1979년 소설 『바람의 노래를 들어라』로 문학계에 등단했다. 이후 연이은 집필 활동으로 다양한 소설과 에세이 들을 발표했으며, 그의 작품들은 출간과 함께 모두 베스트셀러가 되었다. 작품성 역시 인정받아 1979년 군상지 신인 문학상, 1982년 노마 문예 신인상, 1985년 다니자키 문학상, 2006년 프란츠 카프카상 등을 수상하였다.

하루키의 가장 최근 작품인 『1Q84』는 전 세계 20여 개 언어로 번역되었으며, 2009년에는 '한국인이 가장 좋아하는 일본 소설'로 그의 작품 『노르웨이의 숲』이 뽑힌 바 있다.

1899년 1월 12일

DDT 개발자 헤르만 뮐러 출생

1899년 1월 12일 태어난 스위스의 화학자 헤르만 뮐러(Müller, P. H.; 1899~1965)는 1939년 파리, 모기, 이 등에 강력한 살충 효과를 자랑하는 DDT 합성에 성공하였으며, 1948년 노벨 생리 · 의학상을 수상하였다.

DDT는 제2차 세계 대전 중에 처음으로 실용화되어 세계 각국에서 농업용 또는 해충 방제용으로 널리 사용되었다. 그러나 DDT가 인체에 이행되어 축적되고 만성 중독을 일으키는 것이 밝혀진 이후 제조, 판매 및 사용이 금지되었다.

2010년 1월 12일

아이티, 진도 7.0의 강진 발생

2010년 1월 12일 오후 5시 무렵 카리브 해에 위치한 섬나라 아이티에서 대규모 강진이 발생하였다. 지진의 강도는 7.0으로 밝혀졌으며, 피해 인구는 약 300만 명 정도로 추산되었으며, 이후 추정 사망자 수는 10만 명에 이르는 것으로 발표되었다. 국경 없는 의사회를 비롯한 수많은 단체들과 각국 정부 및 국제 연합, 유럽 연합 등이 즉각적인 구호 활동에 나섰다.

1월의
모든 역사

1월 13일

1993년 1월 13일

화학 무기의 개발 · 비축 · 사용 금지 및 폐기에 관한 협약안 체결

베트남 전쟁 기간 동안 미군은 나무로 울창한 정글이 적의 은신처가 되는 것을 알고 고엽제를 무차별하게 살포하였다. 고엽제에는 엄청난 독성이 들어 있는데, 특히 다이옥신은 극히 미량으로도 간암과 기형을 유발하며 요구르트 하나 분량인 85g으로 10만 명의 목숨을 빼앗을 수가 있다. 이처럼 인류에게 엄청난 재앙을 줄 수 있는 화학 무기를 규제하기 위해, 1993년 1월 13일 프랑스 파리에서 「화학 무기의 개발 · 비축 · 사용 금지 및 폐기에 관한 협약안」이 맺어졌다.

인류가 화학 무기를 사용한 유래는 매우 오래전으로 거슬러 올라간
다. B.C. 428년 스파르타군은 펠로폰네소스 전쟁에서 송진과 유황이 나
오는 생나무를 태워 아테네군을 공격하였다. 송진과 유황을 태워 발생
하는 이산화황이나 일산화탄소 때문에 눈물이 멈추지 않아 눈을 뜰 수
없는 원리를 이용한 것이었다.

근대의 화학전은 1914년 제1차 세계 대전에서 프랑스가 최루 가스
를 사용한 것이 최초였다. 이듬해인 1915년에는 독일군이 벨기에에
서 연합군에게 염소 가스를 사용하였다. 이는 인체에 치명적인 독성 작
용제를 사용한 첫 사례로, 약 1만 5,000명의 사상자가 발생하였다. 이
후 연합군과 독일군 모두 화학 무기를 사용하여 제1차 세계 대전 중 약
130만 명이 부상당하고 10만 명이 사망하였다. 제2차 세계 대전 중에
는 일본도 중국에서 화학 무기를 사용하였다. 미국은 1950년대에 V-가
스를 개발하였고, 1980년대에는 VX 항공 폭탄을 개발하였다.

화학 무기에 사용되는 화학 작용제는 질식 작용제, 수포 작용제, 신
경 작용제, 혈액 작용제로 나눌 수 있다. 화학 작용제가 신체에 미치는
영향을 질식 작용제를 예로 들어 설명하면 다음과 같다. 포스겐이라는
질식 작용제가 신체에 흡입되면 체내에서 이산화탄소와 염산을 생산

제1차 세계 대전 이후 화학 무기 사용례

- · 1936~1937년 : 이탈리아군이 에티오피아군에게 최루 및 겨자 가스 사용
- · 1962~1971년 : 미국이 베트남에서 제초제 및 최루 가스 사용
- · 1963~1961년 : 예멘전쟁에서 겨자 가스 사용
- · 1981년 : 소련이 아프가니스탄에 황우(yellow rain)를 사용한 것으로 추정
- · 1983년 : 이라크군이 이란군에게 겨자 가스 사용

한다. 이산화탄소는 산소의 흡입량을 떨어지게 만들어 저산소증을 유발하며, 염산은 폐의 모세 혈관을 녹인다. 그 결과 폐에 액체가 가득 차 저산소증으로 사망하게 되는 것이다.

제1차 세계 대전 이후 국제 사회는 화학 무기의 사용을 금지하기 위해 노력해 왔다. 1925년의 제네바 의정서에서는 종전 후 화학 무기의 최대 피해자이자 가해자였던 서구 국가들이 화학 및 생물학 무기를 전쟁 수단으로서 사용하는 것을 금지하는 결의안을 채택하였다. 하지만 이 의정서는 질식성 독가스 및 세균학적 전쟁 수단의 전시 사용을 금지하였을 뿐, 무기들의 개발, 생산, 비축을 금지하지 않아 협약 준수에 큰 결함으로 작용하였다.

1972년에는 생물학 무기 금지 협약이 맺어졌는데, 금지 협약 중에서 합의가 어려웠던 화학 무기를 분리시켜 뒤로 미루고 생물학 무기 금지 협약을 별도로 맺었다. 1991년에는 제네바 군축 회의가 맺어져 화학 무기 금지 협약을 전체 합의로 채택하였고, 1992년 유엔 총회에서 결의해 1993년 1월 13일 국제 협약으로 맺어졌다.

현재 대한민국에도 많은 화학 무기 피해자들이 남아 있다. 우리나라는 1964년 국회에서 베트남에 군대를 파병하기로 가결함으로써 8년 6개월 동안 연인원 31만 2,853명을 파병하였다. 베트남 전쟁 내내 미국은 고엽제를 살포하였고, 아군과 적군 모두가 피해를 입었다.

1992년 6월 파월 장병이 개별적으로 병원에서 진단서를 받아 고엽제 피해자 전우회로 신고한 자료에 의하면 총 2,341명의 피해자 중 신체 마비가 227명, 각종 암이 208명, 결핵 및 호흡계 질환이 134명, 피부병이 264명, 손발 부패가 264명, 기형아 분만이 106명, 질환이 114명, 후유증 사망이 108명, 비관 자살이 12명, 기타 1,414명이 고엽제 후유증을 앓고 있는 것으로 밝혀졌다.

1864년 1월 13일

미국 민요 작곡가 포스터 사망

'머나먼 저곳 스와니 강물~'로 시작하는 「스와니 강」의 작곡자 포스터
(Foster, S. C.;1826~1864)는 스와니 강에 전혀 가본 적이 없다고 한다.
원래 곡을 먼저 작곡하고 가사를 썼던 포스터는 미국 지도를 펼쳐 놓고
두 음절에 어울리는 남부 지방의 강을 찾다가 플로리다 주에 있는 스와
니 강을 골랐던 것이다. 플로리다 주 정부는 스와니 강을 명소로 만들
어준 포스터에 감사의 뜻으로 스와니 강변의 공원에 포스터 기념 센터
를 만들고, 그의 또 다른 노래 제목 「금발의 제니」를 따서 매년 미인 선
발 대회를 연다고 한다. 그런데 이 「금발의 제니」 역시 금발은 아니었
다. 노랫말에 등장하는 제니는 포스터의 아내, 제인의 애칭인데 실제로
는 갈색 머리를 가지고 있는 아름다운 여인이었다.

미국 민요의 작곡가 포스터는 1826년 미국 펜실베이니아 주에서 태
어났다. 포스터는 어려서부터 음악적 재능을 보였지만 정식으로 음악
을 배울 기회는 없었다. 1841년 대학에 입학하였으나 중퇴하고 베토벤
음악을 연구하면서 작곡하기 시작하였다.
포스터의 음악과 가사에서 보이는 흑인 음악적 요소는 당시 유행하
던 유랑 극단에게서 배운 것이다. 「오, 수재나」「켄터키 옛집」「금발의
제니」「올드 블랙 조」 등의 작품이 큰 인기를 얻었으나, 사업가적인 재

능이 거의 없어 그가 벌어들인 수입은 인기에 비해 형편이 없이 낮았다. 그는 과음과 가난 그리고 아내 제인과의 불화 때문에 만년을 비참히 보냈다.

포스터는 혼자서 뉴욕에 머물다가 1864년 1월 13일 37세라는 젊은 나이로 세상을 떠났다.

—

1988년 1월 13일

타이완의 장징궈 총통 사망

—

장징궈(蔣經國; 1910~1988)는 장제스의 큰아들로 중국 저장 성 평화 현에서 태어났다. 행정원 국군 퇴제역관병 보도 위원회 주임위원, 국방 부장, 행정원 부원장 겸 행정원 국제 경제 합작 발전 위원회 주임위원을 지냈다. 1972년 행정원 원장 겸임 시절 여러 경제 발전 계획을 추진하여 타이완의 경제 신화를 창조해 냈다.

1978년에는 국민 대회 선거를 거쳐 제6대 총통으로 취임하였으며, 1984년 국민 대회를 거쳐 제7대 총통을 수행하였다. 1987년 7월 15일 타이완의 계엄령을 해제하였고, 이어서 신문사 창설과 정당의 조직을 개방했으며, 이듬해인 1988년 1월 13일 타이베이에서 사망하였다.

2001년 1월 13일

엘살바도르 진도 7.6의 강진으로 1,700여 명 사망, 실종

2001년 1월 13일 엘살바도르, 과테말라, 온두라스, 니카라과, 코스타 리카, 남부 멕시코 등 라틴 아메리카를 뒤흔든 강진이 발생하였다. 이 중 가장 큰 피해를 입은 국가는 엘살바도르로, 특히 수도인 산살바도르 교외에서 강진이 발생했기 때문에 수백 채의 가옥이 매몰되는 등의 대규모 피해를 입었다. 엘살바도르는 인명 피해만 약 1,700명에 이르는 것으로 추정되며, 인근 국가인 과테말라 역시 강진으로 인해 6명이 사망하였다.

1월의
모든 역사

1월 14일

■
．
■

—

1875년 1월 14일

밀림의 성자 슈바이처 출생

—

나는 살고자 하는 여러 생명 중의 하나로 이 세상에 살고 있다. 어떤 생명체라도 나와 똑같이 살려고 하는 의지를 가지고 있다고 생각한다. 다른 모든 생명은 나의 생명과 같으며, 신비한 가치를 가졌고, 따라서 존중해야 하는 의무를 느낀다. 선의 근본은 생명을 존중하고 사랑하고 보호하고 높이는 데 있으며, 악은 이와 반대로 생명을 죽이고 해치고 올바른 성장을 막는 것을 뜻한다.

-슈바이처

'원시림의 성자'로 널리 알려진 알버트 슈바이처(Schweitzer, A.;
1875~1965)는 1875년 1월 14일 독일 알자스에서 태어났다. 스트라스부
르 대학교에서 신학과 철학을 공부하고 졸업 후에는 목사와 대학 강사
로 그리고 어려서부터 천부적 재질을 보였던 파이프 오르간 연주가로
활약하였다. 하지만 아프리카의 흑인들이 의사가 없어 고통을 당한다
는 사실을 알게 되자 큰 충격을 받았으며, 이렇게 결심하였다.

"나는 지금까지 목사인 아버지 덕분에 아무런 불편 없이 지내 왔다.
그러나 내 주위에는 고통을 당하는 사람들이 너무 많다. 내가 받은 은혜
를 이들에게도 나누어 주고 싶지만 아무것도 할 수 없구나. 그래, 30살
까지는 학문과 예술에 전념하자. 그리고 30살이 되면 헐벗고 굶주리고
고통받는 사람들에게 봉사하는 길로 나가자."

슈바이처는 30살이 되었을 때 나이 어린 대학생들과 어울려 7년간
의학을 공부했다. 그리고 38살이 된 1913년, 부인과 함께 미개척지인
암흑대륙 아프리카로 건너갔다. 오고웨 강변(오늘날의 가봉)에 병원을
개설하였으나 제1차 세계 대전이 발발하여 본국으로 송환되었다.

귀국 후 슈바이처는 아프리카 생활을 적은 『물과 원시림 사이에서』
를 출판해 세상의 주목을 받았다. 슈바이처는 이에 힘을 얻어 아프리카
로 돌아가 병원을 재개하였다. 제2차 세계 대전 중에도 유럽으로 돌아
가지 않고 전도와 진료에 전념했다.

"인간에게 봉사하는 것은 인간을 사랑하는 것이며, 인간을 사랑하는
일이야말로 무엇과도 비교할 수 없는 숭고한 일입니다. 나는 살아 있는
모든 존재에 대한 사랑을 통해서, 내가 꿈꾸는 나만의 이상을 실현해
보고자 했던 것입니다."

철학, 신학, 의학, 음악 중 그 어느 것 하나라도 전문적인 사람이 되는

것은 대단히 힘들지만 슈바이처는 모두 이루어 내었다. 하지만 세상 사
람들이 슈바이처를 존경하는 이유는 그가 천재였기 때문이 아니라 그
의 선량한 마음과 실천 때문이다. 그렇기 때문에 1952년 노벨상을 수
상했을 때도, 인류가 그에게 수여했던 상은 의학상이 아니라 평화상이
었던 것이다.

1742년 1월 14일

천문학자 핼리 사망

핼리 혜성의 출현에 관한 가장 오래된 기록은 중국 주나라의 무왕이 보
았다고 하는 큰 별이다. B.C. 1057년의 일이었다. 그리고 천문학자 핼
리는 이 별이 76년마다 돌아온다고 정확히 예측하였다.

핼리(Halley, E.; 1656~1742)는 영국 런던에서 태어나 17세에 옥스퍼드
대학교에 입학하였다. 1676년 세인트헬레나 섬으로 가서 태양에 가장
가까운 별인 수성을 연구하였고, 1678년 귀국과 동시에『행성의 궤도
에 대하여』라는 논문을 제출하였다. 핼리가 이 혜성의 공전 주기를 밝
혀낸 것은 그와 가깝게 지냈던 뉴턴의 영향이 컸다. 뉴턴은 혜성을 이
렇게 표현하였다.

"혜성은 행성의 일종이다. 아주 가늘고 긴 타원 궤도를 그리면서 태
양의 둘레를 돌고 있다."

독일의 천문학자인 케플러도 혜성이 궤도를 돌 것이라고 말한 바
있다.

"혜성은 마치 물고기가 바닷속을 헤엄치는 것처럼 우주 속을 날아간다. 그러나 혜성의 꼬리는 언제나 태양으로부터 먼 곳으로 흘리고 있다. 혜성은 햇빛을 받아 증발된다."

핼리는 1705년 뉴턴의 역학을 적용하여 혜성의 궤도를 산정한 『혜성 천문학 총론』을 출판하였다. 그리고 1707년에 한 가지 계산을 해냈다. 이것은 1531년, 1607년, 1682년에 나타난 큰 혜성은 모두 같은 혜성으로 76년을 주기로 출현한다는 데서 착안한 것이었다. 핼리의 계산이 맞다면 1758년에도 똑같은 혜성을 볼 수 있어야 했다.

그리고 1758년, 핼리의 예측대로 혜성이 돌아왔다. 비록 1742년 1월 14일에 세상을 떠난 핼리는 이 혜성을 볼 수 없었지만, 영국 천문학회는 고인이 된 핼리의 업적을 기리기 위해 이 혜성을 '핼리 혜성'이라고 명명하였다.

1935년 1월 14일

자르 지방, 주민 투표로 독일 복귀 결정

자르는 독일과 프랑스 국경의 요충지로 풍부한 석탄을 보유한 지역이다. 이 지방은 1871년 프로이센-프랑스 전쟁 이후 독일에 귀속되었고, 제1차 세계 대전 후 베르사유 체제에서는 국제 연맹 감독하에 자치제를 실시하였으나, 경제적 권익은 프랑스에 양도되었다. 그러나 1935년 1월 14일 자르에서 주민 투표를 실시한 이후, 주민들의 바람에 의해 독일로 복귀하게 되었다. 1956년 10월 자르 조약을 통해 프랑스는 자르의 독일 복귀를 공식으로 인정하였다. 이로써 제2차 세계 대전 후의 자르 문제는 해결되었으며 자르는 1957년 이래 독일의 한 주로 확정되었다.

1900년 1월 14일

푸치니의 오페라『토스카』초연

이탈리아 작곡가 자코모 푸치니(Puccini, G. A. D. M. S. M.; 1858~1924)
는 19세기가 끝날 무렵 사라 베르나르가 연기하는 빅토리앙 사르두의
5막 희곡『토스카』를 관람하였다. 이에 감동받은 푸치니는『토스카』를
오페라로 구상해, 1900년 1월 14일 처음으로 무대에 올렸다.

오페라『토스카』는 모두 3막으로 구성되어 있으며, 나폴레옹군의 이
탈리아 침입으로 어수선해진 로마가 배경이다. 오페라 매니아의 각별
한 사랑을 받는「미묘한 조화」「별은 빛나건만」「노래에 살고 사랑에
살고」등의 아리아가 유명하다.

2000년 1월 14일

배아 분리 기술 이용한
원숭이 '테트라' 복제 성공 발표

2000년 1월 14일, 미국의 과학 전문 잡지『사이언스』는 테트라Tetra라
는 암컷 원숭이 한 마리를 소개하였다. 오리건 영장류 연구 센터와 오
리건 건강 과학 대학이 공동 진행하여 세상에 나오게 된 테트라는 원래
4개의 배아로 연구를 시작하였으나, 그중 테트라만이 성공하여 태어나

게 된 것이었다.

　테트라는 인류가 최초로 성공한 복제 원숭이인 동시에 영장류인 생명체로서, 테트라의 복제는 복제 양 돌리와 다른 방식, 즉 수정란을 넷으로 쪼갠 뒤 각각 다른 암컷 원숭이 네 마리에게 착상시킨 배아 분리 기술이었다.

1월의
모든 역사

1월 15일

■
·
■

1759년 1월 15일

대영 박물관 개관-그 겉과 속

세계 최대의 역사 자료들을 수집해 놓은 대영 박물관은 세계 최초
의 공공 박물관이다. 하지만 이곳은 해가 지지 않는다던 제국주의
시절의 영국인들이 세계 곳곳을 누비면서 알게 모르게 몰래 가져
온 문화재들도 많은 곳이다.

영국 런던의 번화가 피카딜리 서커스에서 조금 위로 올라가면 러셀 거리가 보인다. 매일 아침 10시가 가까워지면 세계의 여러 나라 사람들이 이곳으로 모여들기 시작한다. 대영 박물관의 개장 시간이 얼마 남지 않았기 때문이다. 영국의 대영 박물관은 1년에 400만 명이나 다녀가는 세계적인 관광 명소이다.

대영 박물관은 1753년 한스 슬로언이라는 의사가 평생 모은 수집품을 국가에 기부한 데서 출발하였다. 영국 의회가 수집품을 전시하기 위해 자금을 모았고, 귀족들은 수집품과 책을 기부해 1759년 1월 15일 세계 최초의 국립 박물관인 대영 박물관이 탄생하였다. 현재의 모습과 같은 44개의 이오니아식 원기둥이 당당히 받치고 있는 그리스식 건물이 완성된 때는 1853년으로, 로버트 스머크가 설계한 것이었다.

대영 박물관에는 영국의 문화유산뿐 아니라 이집트와 그리스, 로마 등지에서 발굴한 귀중품들과 아시아의 광대한 수집품들이 전시되어 있다. 하지만 이것은 문명국을 핑계로 한 강자의 힘이 전시되어 있는 곳이기도 하다.

대영 박물관에서 가장 유명한 곳은 파라오 조각상, 미라, 벽화 등이 전시되어 있는 이집트 전시실이다. 특히 로제타석은 이집트 연구에 빼놓을 수 없는 귀중한 유물로 많은 사랑을 받고 있다.

로제타석은 1798년 프랑스의 나폴레옹 군대가 이집트로 원정 갔을 때 프랑스 군인 부샤르가 발견하였다. 당시 이 현무암 덩어리에 이상한 글자가 새겨진 것은 알았으나 아무도 해석하지 못하였다. 그 후 이 돌은 프랑스와 영국이 맺은 협정에 따라 이집트가 아닌 영국으로 반환되었다.

로제타석이 해석된 것은 1822년 9월의 일이었다. 프랑스의 샹폴리옹

은 로제타석에 같은 내용이 적혀 있다는 사실을 밝혀냈다. 로제타석에
는 이집트 상형 문자와 당시 사람들이 사용하던 민간 문자 그리고 그리
스어가 아래위로 나란히 새겨 있었다. 샹폴리옹은 이 문자들을 서로 비
교하면서 고대 이집트 언어를 해석하였고, 찬란한 문화의 비밀을 밝혀
내게 되었다.

로제타석이 고대 이집트의 찬란한 문명을 열어준 열쇠가 되었듯이,
20세기 초 스타인이 둔황 석굴에서 가져온 실크 로드의 수많은 문서와
벽화들은 둔황 학문을 개척한 유물이 되었다.

스타인은 1888년부터 인도 펀자브 지방의 대학교 사무관으로 근무하
였다. 그리고 1900년부터 1931년까지 실크 로드를 따라 중앙아시아 지
방을 조사하였다. 스타인을 세계적으로 유명하게 만들어준 것은 1904년
에 시작했던 2차 조사였다. 1917년 그는 마르코 폴로가 지나간 길을 따
라 둔황에 도착하였다. 둔황에는 왕도사라는 중이 있었는데, 그가 스타
인에게 석굴에 있는 둔황 문서를 말해 주었다. 스타인은 왕도사에게 둔
황 수리비를 주겠다고 약속하고 29짝의 상자에 유교와 불교의 경전 그
리고 둔황 석굴의 오래된 벽화들을 뜯어서 영국으로 이송했다.

이 소식이 알려지자 프랑스인 펠리오 역시 둔황으로 가 많은 고문서
와 그림 들을 싣고 왔다. 현재 이 유물들은 대영 박물관과 프랑스의 국
립 도서관에 나란히 보관되어 있다.

대영 박물관에서 이집트 전시실만큼이나 유명한 곳은 바로 그리스 ·
로마 전시실이다. 그리스의 유물들이 대영 박물관에 있게 된 가장 큰 동
기는 '엘진의 약탈' 또는 '엘진 마블'로 유명한 엘진의 취미 때문이었다.

1800년대 초반 오스만 제국에 부임하였던 엘진은 그리스 문화재 보
호의 명목으로 파르테논 신전 건축물과 조각상 등 많은 문화재들을 영

국으로 가져왔다. 시인 바이런은 엘진을 일컬어 사기꾼이라고 공개적
으로 비난할 만큼 찬반 여론이 들끓었지만, 영국 의회는 엘진을 변호
하고 3만 5,000파운드에 엘진 마블을 사들였다. 현재 엘진 마블에 대한
대영 박물관 및 영국의 입장은 박물관장인 로버트 앤더슨의 발언으로
미루어 짐작할 수 있다.

"그리스에는 엘진 마블을 보관하기 위해 제대로 설계된 박물관 시설
이 없으며, 이것을 보관하기에는 문화재를 위해 특별히 만든 대영 박물
관의 전시실이 더 적합하다."

—
2002년 1월 15일

대영 박물관, 고대 그리스 유물 반환 불가 발표
—

영국 대영 박물관이 소장하고 있는 그리스 문화재 '엘진 마블'을 돌려
달라는 그리스의 요구에 대해 박물관 측이 또다시 거부하였다. 로버트
앤더슨 대영 박물관 관장은 2002년 1월 15일에 『타임스』의 기고문을
통해 '엘진 마블'은 대영 박물관 소장품으로, 반환은 물론 대여도 불가
능하다고 확인했다. 그토록 영국이 돌려주지 않으려는 그리스의 건축
물과 조각상 들은 어떤 의미가 있는가.

그리스에서 가장 유명한 건축물을 꼽으라면 아테네의 아크로폴리스
언덕에 있는 파르테논 신전을 떠올리는 사람이 많을 것이다. B.C. 438
년 아테네 사람들은 페르시아 전쟁(B.C. 490~B.C. 479) 승리를 기념하
여 아테네의 수호신인 아테나 여신에게 파르테논 신전을 지어 감사를

드렸다. 앞면 8개, 옆면 17개의 도리아 양식으로 된 기둥이 신전의 지붕을 받치고 있으며, 신전 중앙에는 아테나상을 세웠다. 이후 파르테논 신전은 로마 제국과 중세 교회의 시대를 거쳐 오스만 제국의 지배를 받게 되었다. 오스만 제국은 이곳을 탄약고로 사용하였다.

파르테논 신전이 파괴된 것은 베네치아의 총사령관 프란체스코 모로시니가 오스만 제국의 아크로폴리스(오늘날 그리스의 아크로폴리스)를 포위하고 신전을 향해 대포를 발사한 1687년의 일이었다. 그해 9월 26일, 신전은 큰소리를 내며 중앙부가 무참히 날아가 버렸다. 이때 부서진 신전의 잔해와 조각 들은 엘진에 의해 영국으로 옮겨져 대영 박물관에 전시되었다.

파르테논 신전의 기둥 양식인 도리아식은 그리스 건축물 중에서 가장 오래된 건축물에서 보이는 것으로 기둥 받침이 없고 기둥머리에 장식이 없는 것을 말한다. 이후에는 소용돌이 모양의 이오니아식이 유행하였다. 헬레니즘 시대에는 기둥의 홈이 가늘어지고 개수도 많아졌으며 기둥 받침도 많아졌는데, 이 화려한 양식을 코린트식이라고 부른다. 로마의 판테온 신전과 아테나 알레아 신전 등이 코린트 양식으로 만든 것이다.

그리스인들은 철학과 과학, 문학과 미술, 연극과 역사, 정치 이론 등 인간사에 가장 밀접하고 근본적인 유산을 서양 문명 세계에 남겼다. 동양 문화와 구분되는 서양적인 것은 고대 그리스에서 출발했다. 그렇기 때문에 고대 그리스인을 '최초의 서양인'이라고 부르는 것이다. 균형과 조화, 실제와 아름다움의 추구라는 특유의 미적 감각이 드러난 그리스의 미술은 이후 유럽 미술의 뿌리를 이루었으며, 영국이 그리스 미술에 집착을 떨쳐내지 못하는 것 또한 가져본 적이 없는 뿌리에 대한 회귀

본능이라는 시각도 있다.

—

1971년 1월 15일

이집트, 아스완 하이 댐 완공

—

그리스의 역사가 헤로도토스는 이집트를 '나일 강의 선물'이라고 표현
하였다. 수천 년 동안 해마다 범람했던 나일 강은 비옥한 충적토를 형
성했고, 고대 이집트 문화를 낳았기 때문이었다.

　나일 강의 범람이 이집트 사람들에게 큰 피해를 준다고 느낀 현대인
들은 농업과 산업을 발전시키기 위해 안정적인 물 공급이 필요하다고
생각했다. 19세기 초 나일 강의 홍수를 막기 위해 카이로 북쪽에 갑문
장치를 만들어 더 많은 농토를 확보하려고 했다. 19세기 말에도 영국인
들은 아스완 댐을 만들었으나 나일 강을 지배하기에는 너무나 어려운
여건들이 많았다.

　그러나 인간의 끊임없는 집념은 결국 기자 언덕의 대 피라미드 공사
에 버금가는 대역사를 시작하여 1971년 1월 15일 아스완 하이 댐을 완
성하였다. 이후 매년 범람하였던 나일 강은 인간의 지배를 받게 되었고
강변의 많은 땅들은 전천후의 농토가 되었다. 그 대신 자연의 선물인
천연의 충적토는 영원히 사라져 버렸다.

1777년 1월 15일

탐험가 쿡, 하와이 제도에 도착

영국의 탐험가인 제임스 쿡(Cook, J.: 1728~1779)은 태평양에서 대서양으로 넘어가는 바닷길을 탐색하기 위해서 타히티 섬에서 북아메리카 쪽으로 항해를 시작했다. 그는 1777년 1월 15일 우연히 하와이 제도에 도착하였고, 탐험 원정을 지원한 샌드위치 백작의 이름을 따서 '샌드위치 제도'라고 명명하였다. 이것으로 하와이는 서구 세계에 처음으로 알려졌으며, 1908년 미국이 하와이 제도 오아후 섬의 진주만에 해군 기지를 건설한 이후, 2차 대전이 끝난 뒤인 1959년 미국의 50번째 주로 편입되었다.

1943년 1월 15일

펜타곤 완공

미국 펜타곤의 정식 명칭은 '미국 국방부'이다. 펜타곤은 오각형으로 생긴 청사 건물 때문에 붙은 별명으로 육·해·공군을 통합한 미국 최고의 군사 기관이다. 워싱턴 근교 포토맥 강변에 위치하고 있으며, 조지 에드윈 버그스트롬의 설계로 1943년 1월 15일 완공되었다. 총 2만 5,000명이나 수용할 수 있는 세계 최대의 관공서로서 34만m²의 건물 면적을 자랑하고 있다.

2000년 1월 15일

'발칸 백정' '인간 도살자' 아르칸 암살

밀로셰비치와 함께 발칸 반도의 학살자로 악명을 떨쳤던 아르칸이
2000년 1월 15일 세르비아에서 암살됐다. 세르비아인의 우월성을 신봉
한 아르칸은 1991년 크로아티아-보스니아 내전 당시 밀로셰비치와 뜻
을 모아 비세르비아인 즉 크로아티아인과 이슬람교도 들을 학살했다.
이후 약 4년 동안 마을 500여 개가 전소되고 27만 명이 학살되었다.

1998년에는 '코소보의 인종 청소'라는 단어로 악명 높은 코소보의 알
바니아인 학살을 담당하였을 뿐만 아니라, 주민들이 거주 중인 마을을
통째로 불태우거나 알바니아 여성에 대한 집단 강간을 시행하여 '발칸
의 백정''인간 도살자'라고 불렸다.

1919년 1월 15일

독일 혁명가 로자 룩셈부르크 사망

로자 룩셈부르크(Luxemburg, R.; 1871~1919)는 폴란드의 유복한 유대
계 집안에서 태어났다. 그는 사회주의자인 동시에 정치 이론가였고 철
학자였으며 혁명가였다. 급진 좌파 혁명 단체인 스파르타쿠스단에 속해
있던 룩셈부르크는 동료들과 함께 반란을 일으켰으나 실패하였고, 1919
년 1월 15일 동료들과 함께 사형당했다.

* 1871년 3월 5일 '독일 혁명가 로자 룩셈부르크 출생' 참조.

1월의
모든 역사

1월 16일

■
■
■

1794년 1월 16일

영국 역사가 에드워드 기번 사망

마지막 페이지의 마지막 한 줄을 쓰고 난 것은 6월의 어느 날 밤 11시 무렵이었다. 펜을 놓은 다음 얼마 동안 아카시아 가로수 밑을 산책하였다. 밤공기가 상쾌했고 은빛 달이 잔잔한 호수에 떠 있었다.

-에드워드 기번

계몽주의 역사학의 대표적 작품이며 영문학의 명저로도 꼽히는 『로마 제국 쇠망사』의 저자 에드워드 기번(Gibbon, E.; 1737~1794)은 영국에서 부유한 지주의 아들로 태어났다. 그는 1763년 유럽 대륙 여행을 하던 중, 로마 카피톨리움의 폐허를 보고 로마사 집필을 구상하였다. 기번은 1776년에 제1권을 출판하여 대단한 호평을 받았으며 흄, 로버트슨과 더불어 영국의 3대 사학자로 인정받을 정도의 큰 성공을 거두었다. 기번은 계속해서 글을 써 1788년에 전 6권을 완성하였고, 1794년 1월 6일 사망하였다.

『로마 제국 쇠망사』는 트라야누스 황제 시대부터 시작하여 서로마 제국의 멸망, 유스티니아누스 1세의 비잔틴 제국 건국, 샤를마뉴 대제에 의한 신성 로마 제국 건국, 오스만 제국의 침입과 비잔틴 제국의 멸망까지 약 1,300년간의 역사를 기록한 책이다. 기번은 이 책에서 기독교의 확립, 게르만 민족의 이동, 이슬람의 침략, 몽골족의 서방 정벌, 십자군 원정 등 광범위한 지역에 걸친 사건을 다루어 고대와 근세를 잇는 교량적 역할을 시도하였다.

기번은 로마의 멸망을 불러온 정치와 경제, 사회, 문화 등 역사를 구성하는 여러 요소들 중에 종교, 즉 기독교를 강조하였다. 로마의 정치가 혼란해지고 사회가 불안해지면서 로마인들은 현실을 체념하고 동방의 신비적인 종교나 기독교에 의지하였다고 생각한 것이었다.

기번은 12년 이상 공들인 『로마 제국 쇠망사』 집필을 마치면서 마지막 권의 머리말에 이렇게 남겼다.

내가 비록 50이 되었지만 진실과 지식에 대한 지칠 줄 모르는 열정은 똑같다. 쉬는 것은 열정에 대한 배신이다.

1929년 1월 16일

러시아 혁명가 레온 트로츠키, 국외 추방

레온 트로츠키(Trotskii, L.; 1879~1940)는 남우크라이나의 부유한 농가에서 유대인의 아들로 태어났다. 그는 오데사의 성 바울로 실업 중학교에 입학하였고, 뒤에 니콜라예프로 옮겨 중등 교육을 마쳤다. 이곳에서 남러시아 노동자 동맹을 조직하였으나 1898년 체포되어 시베리아로 유배를 갔다.

1903년의 러시아 사회 민주 노동당 제2차 대회에서는 멘셰비키(러시아 사회 민주 노동당의 자유주의적 온건파)에 가담하였다. 2월 혁명 후 1917년 9월에는 상트페테르부르크의 소비에트 의장이 되어 10월 혁명의 무장봉기에 공헌하였다.

독일과의 강화를 놓고 레닌과 대립하기도 한 그는 레닌 사후 스탈린과 대립하다가 1929년 1월 16일 국외로 추방되었으며, 1937년 멕시코로 망명하였다. 1938년에 코민테른에 대신하는 제4 인터내셔널을 창설하였으나, 1940년 스탈린의 수하에게 암살되었다.『영구 혁명론』『러시아 혁명사』등의 저서를 남겼다.

1957년 1월 16일

이탈리아의 지휘자 토스카니니 사망

이탈리아 파르마 출생인 토스카니니(Toscanini, A.; 1867~1957)는 파르마 음악 학교에서 첼로를 배워 1885년에 졸업하였다. 그는 이탈리아에서 여러 작은 악단에서 첼리스트로 활동하다, 브라질의 리오데자네이루에 가서 오페라의 오케스트라 단원이 되었다.

지휘자로서의 토스카니니는 오케스트라 단원들에게 완벽한 음악을 요구했으며, 끊임없이 놀라운 음악적 영감을 악단에 불어넣었다. 이러한 그의 음악적 열정 때문에 그는 단원들에게 존경을 한 몸에 받았으며, 전 세계의 지휘자들은 그를 흉내 내려 하였다. 토스카니니의 음반을 들어보면 그의 음악적 열정을 느낄 수 있으며, 특히 베토벤, 브람스, 바그너 등의 지휘 음반이 유명하다. 1957년 1월 16일 사망하였다.

1979년 1월 16일

이란의 팔레비 국왕 이집트로 망명

1979년 1월 16일, 이란 팔레비 왕조의 제2대 팔레비 왕은 자신의 전용기를 직접 몰고 왕실 가족들과 함께 이란을 떠나 이집트로 망명하였다. 이로써 1925년에 시작한 이란의 팔레비 왕조는 역사에서 사라지고, 이란에는 회교도 혁명의 성공으로 이란 '이란 이슬람 공화국'이 성립되었다.

1941년 이란의 왕위에 오른 팔레비는 이란의 근대화를 기치로 토지 개혁을 비롯한 다양한 정책들을 실행하였으며, 1963년부터 시작한 백색 혁명은 도로 · 철도 · 항공망의 확장, 질병 · 문맹 퇴치 등의 변화를 불러일으켰다.

그러나 팔레비 왕의 뒤에는 미국이 있었고, 비민주적으로 추진했던 그의 개혁들은 국민들에게 친미 노선인 동시에 이슬람 전통에 대한 무시로 다가왔다. 특히 1970년대 이후의 경제 정책 실패는 부익부 빈익빈 현상의 확대와 정부 관료의 부패 등과 더해져 국민의 불만은 더욱더 커져만 갔다. 또한 학생 시위 등을 일방적으로 유혈 진압함으로써 도리어 전국적인 반정부 시위를 초래하게 되었다.

결국 이란 국민들의 폐위 요구에 팔레비 왕은 망명을 떠나게 되었고 호메이니가 귀국하였으며, 이란에는 왕정이 사라지고 공화국이 성립하게 되었다.

* 1979년 2월 11일 '이란 혁명 발생' 참조.

1월의
모든 역사

1월 17일

■
■
■

—

395년 1월 17일

로마 제국, 동서로 분리

—

반란자 에우게니우스를 처단한 테오도시우스 황제에 대해 로마인
들은 앞으로도 오랜 기간 동안 황제가 로마의 평화를 유지해줄 것
으로 믿었다.

그러나 4개월 후 황제는 사망하였고, 유언으로 두 아들에게 로마
제국을 나누어 주었다.

'팍스 로마나Pax Romana'로 불리던 평화로운 시기의 로마는 서기 1세기에서 3세기까지의 약 2세기가량이다. 이 시기의 로마 제국은 영국과 아프리카 그리고 시리아까지 확대한 영토를 자랑하였으며, 말 그대로 최전성기를 구가하고 있었다.

그러나 마르쿠스 아우렐리우스를 끝으로 5현제 시대가 지나가면서 로마 제국은 혼란 속으로 빠져들었다. 마르쿠스를 이은 코모두스 황제가 살해당하고(192) 군인들이 로마 황실을 장악했다. 혼란의 시기를 수습한 것은 디오클레티아누스 황제였다. 그는 비밀경찰을 만들고 국경 수비를 강화했으며, 오랜 동료인 막시미아누스에게 서방 통치를 맡겼다.

그러나 이 시기를 거치며 로마 제국은 서서히 분열의 조짐을 누적했다. 교통과 상업의 발달로 이탈리아 반도의 도시들은 로마 시와 동등한 위치로 올라섰고, 황제와 원로원에 소속된 속주의 도시들도 자치권을 얻기 시작했다. 또한 속주의 많은 농산물이 이탈리아 반도로 들어와 이탈리아 안에서는 농산물 대신에 포도, 올리브 등의 과일을 경작하기 시작하였다. 이 과정에서 로마 귀족은 노예 처지의 소작농을 부려서 라티푼디움이라는 대농장을 경영하였고, 자영농이었던 로마인들은 자기 땅을 빼앗기고 빈민층으로 떨어졌다.

디오클레티아누스 황제가 잠시 로마 제국의 분열을 막았지만, 다음 황제였던 콘스탄티누스는 제국의 수도를 동쪽의 비잔티움(오늘날 터키의 이스탄불)으로 옮기고 자신의 이름을 본떠 콘스탄티노플이라고 명명하였다.

콘스탄티누스 사후 본격적으로 로마 제국의 동서 분리가 시작되었다. 콘스탄티누스는 후계자를 정하지 않고 죽었기 때문에 많은 황제 후

보자들이 나섰고, 결국 3명의 아들들이 제국을 나누어 통치하였다. 이 와중에 통일을 위한 내전이 일어났고 콘스탄티누스 2세가 최종 승리 자가 되어 로마 제국을 통일했다(353). 그러나 그는 혼자 통치하기에 는 제국이 너무 크다고 생각하여 율리아누스에게 서방을 맡겼다. 콘스 탄티누스 2세가 죽자 율리아누스가 로마 제국의 황제가 되었지만 그는 페르시아 정벌에서 사망하였다(363).

황제를 잃은 로마군은 부사령관 요비아누스를 황제로 내세웠으나 그 역시 로마로 돌아오다 갑자기 사망하고, 보병대 사령관인 발렌티아누 스가 새 황제로 즉위하였다(364). 장군 출신으로 황제 가문이 아니었던 그는 동생 발렌스에게 동방의 콘스탄티노플을 맡기고 자신은 서방 지 역을 통치했다.

그리고 이 분열을 통합한 로마 제국의 마지막 황제가 바로 발렌스를 이은 테오도시우스 1세였다. 테오도시우스가 동방 지역의 통치자가 된 379년에는 발렌티아누스가 죽고 아들 그라티아누스가 서방의 통치자 인 상태였다. 테오도시우스는 동방의 통치자가 되자 먼저 군대를 재편 성하여 튜턴족을 군대로 끌어들였다. 그리고 삼위일체설을 믿는 사람 들과 다른 여러 기독교 종파의 대립을 막기 위해 성부 · 성자 · 성령의 삼위일체를 믿는 사람들만 기독교인으로, 즉 가톨릭교도로 인정하였 다. '가톨릭'이라는 호칭이 처음으로 문서에 사용된 것은 이때부터이다.

한편 서방에서는 스페인 출신의 막시무스가 그라티아누스 황제를 죽 이고 이탈리아를 침공하였다. 테오도시우스는 군대를 일으켜 쿠데타를 일으킨 막시무스 군대를 쳐부수고 로마 제국을 재통일했다(388). 이후 테오도시우스는 내전을 막아 내고 이교도들의 종교를 금지시키는 등 로마 제국의 통일을 굳건히 한 다음 두 아들에게 자리를 물려주고 세상을 떠났다.

어떤 역사가들은 테오도시우스 황제가 395년 1월 17일 두 아들인 아르카티우스와 호노리우스에게 동로마와 서로마를 맡겨 로마 제국을 영원히 분리시켰다고 한다. 하지만 로마가 하루아침에 만들어진 것이 아니듯, 로마 제국의 분리와 멸망 역시 하루아침에 이루어진 것은 아니었다. 로마의 상층 계급과 하층 계급 사이의 갈등, 황제가 군을 통제할 능력이 없던 점, 토지 소유의 문제, 종교적 갈등, 게르만족의 침입 등 모든 요인이 로마 제국 몰락을 이끈 것이었다.

—

1706년 1월 17일

미국 정치가 벤자민 프랭클린 출생

—

> 아버지는 보물이고, 형제는 위안이며, 친구는 그 둘 모두이다. 친구에게
> 돈을 빌려 주면 친구를 잃을 것이요, 적에게 돈을 주면 적을 얻을 것이
> 다. 자신의 혀가 남을 욕하면 자신의 귀는 남에게 매를 맞는다.
>
> > -벤저민 프랭클린

미국의 정치가이자 피뢰침을 발명한 벤저민 프랭클린(Franklin, B.; 1706~1790)은 1796년 1월 17일 태어났다. 영국의 철학자인 데이비드 흄은 벤저민 프랭클린을 일컬어 "신대륙 아메리카 최초의 철학자요, 위대한 문필가이다."라고 칭찬한 바 있다. 정치인으로서 프랭클린은 제2회 대륙 회의에서 펜실베이니아 대표로 뽑혔고, 1776년 미국 독립 선언 기초위원에 임명되었다. 또한 미국이 영국과 독립 전쟁을 치렀을 때

에는 프랑스로 가 지원을 약속받는 등 미국 독립에도 결정적인 공헌을
하였다.

한편 자연 과학에도 관심이 많아 지진의 원인을 연구 · 발표하였고
피뢰침도 발명하였다. 1752년에는 연을 이용하여 번개와 전기의 방전
은 동일한 것이라는 가설을 증명했고, 전기 유기체설을 제창하였다.

프랭클린이 이처럼 여러 방면에 뛰어난 업적을 남길 수 있었던 것은
자신의 단점을 극복하기 위해 끊임없이 인내하였기 때문이다. 보스턴
에서 태어나 인쇄소 직공으로 출발한 프랭클린이 성공적인 삶을 위해
실천하였던 10가지 생활 수칙은 아래와 같다.

하나, 절제를 실천하며 몸이 나른해질 정도로 과식하지 않는다.

둘, 마음의 평정을 잃지 않는다. 사소한 일에 얽매이면 판단력이 흐려
진다.

셋, 불필요한 대화를 줄인다. 잡담은 사람의 인격을 무너뜨린다.

넷, 시간을 헛되이 낭비하지 않는다. 한 번 지나간 시간은 영원히 돌아
오지 않는다.

다섯, 극단적인 말과 행동을 피한다. 극단적인 것들은 송곳과 같아서
남에게 상처를 준다.

여섯, 주위를 항상 청결하게 한다. 몸, 옷, 집, 사무실 등을 깨끗이 하면
마음도 맑아진다.

일곱, 돈을 함부로 낭비하지 않는다. 돈은 선한 일을 위해서만 사용한다.

여덟, 자신이 본받을 만한 인물을 정하고 그를 본받기 위해 노력한다.

아홉, 한 번 결심한 것은 반드시 지킨다.

열, 정욕에 빠지지 않는다.

1991년 1월 17일

걸프전 발발

이라크는 1990년 8월 2일 쿠웨이트를 침공했다. 당시 이라크의 사담 후세인 대통령은 쿠웨이트가 세계에 석유를 너무 많이 공급하여 석유 가격이 떨어졌다고 쿠웨이트를 비난했다. 이에 대해 유엔 안보 이사회는 1991년 1월 15일까지 이라크군이 쿠웨이트에서 철군하지 않을 경우 무력을 사용할 것이라고 경고하였다.

미국은 이라크의 철수 시한 이틀 뒤인 1991년 1월 17일 대공습을 단행하여 쿠웨이트로부터 이라크군을 철수시켰다. 이 사건을 걸프전이라고 부른다. 걸프 전쟁의 결과 중동은 미국의 절대적 영향 아래에 새로운 질서로 재편되는 계기를 맞게 되었다.

1995년 1월 17일

고베 대지진 발생

1995년 1월 17일, 일본 간사이 지방에 진도 7.2의 강진이 발생하였다. 1923년 간토 대지진(관동 대지진)과 함께 20세기 일본 최악의 지진으로 손꼽히는 고베 대지진은 '한신-아와지 대지진'이라 불리기도 한다. 지진의 진앙지는 고베 남쪽의 아와지 섬으로, 고베와 오사카를 중심으로 한 간사이 지방 전체에 지진의 여파가 미쳤다. 이로 인한 사망자는 6,000여 명 정도이며 개중에는 재일 교포 500명도 포함되어 있었다. 이재민은 30만 명 정도로, 재산 피해는 10조 엔에 가까운 것으로 추정되었다.

특히 고베 사망자의 90%와 오사카 사망자의 40%가 일본의 전통적인 목조 가옥 거주자였음이 밝혀졌는데, 이것은 가느다란 대나무 기둥 위에 기와 지붕을 올려놓은 구조였기 때문에 지진이 발생하자 힘없이 무너져 버린 것이었다. 이후 일본에서는 이와 같은 피해 재발을 막기 위해 건축법을 바꿔, 지진 내구성이 강한 건축물만 건축 허가를 내리는 등 지진 대비에 다양한 노력을 기울였다.

—

1942년 1월 17일

미국의 권투 선수 무하마드 알리 출생

—

미국에서 가장 인종 차별이 심했던 켄터키 주에서 1942년 1월 17일 태어난 흑인 알리의 본명은 '캐시어스 마셀러스 클레이Cassius Marcellus Clay'이다. 그는 13세 되던 해, 동네 깡패로부터 자신을 보호하기 위해 아일랜드계 미국인 경찰에게 복싱을 배웠고 17세에는 골든글러브 챔피언이 되었다. 1960년 로마 올림픽에서는 18세라는 어린 나이로 라이트헤비급 금메달을 획득했다.

그러나 금의환향해 들른 고향의 백인 전용 식당에서 흑인이란 이유로 출입을 거절당한 뒤 분노와 치욕을 견디지 못하고 자신이 딴 금메달을 강물에 던져 버렸다. 올림픽 금메달이 인종 차별을 없애지 못할 뿐 아니라 가난에서 벗어나게 해주지도 못할 것이라고 여긴 것이었다.

이후 프로로 전향해 22세에 세계 헤비급 챔피언 벨트를 따낸 후 은

퇴하기까지 61전 56승37KO 5패의 기록을 남기며 헤비급 사상 최초로 세 차례나 챔피언 벨트를 거머쥔 '가장 위대한 헤비급 챔피언'으로 족적을 남겼다.

* 1964년 2월 25일 '무하마드 알리, 헤비급 챔피언 획득' 참조

—

2002년 1월 17일

콩고 니라공고 화산 폭발

—

2002년 1월 17일 아프리카 중부의 콩고 인민 공화국에서 니라공고 화산이 폭발하였다. 화산 폭발과 함께 어마어마한 용암이 시내로 흘러 들어 45만여 명이 긴급 대피를 하였으며, 사망자는 45명에 이르는 것 으로 확인되었다.

1월의
모든 역사

1월 18일

■
·
■
·
■

1772년 1월 18일

청나라 건륭제, 『사고전서』 편찬 지시

『사고전서』는 건륭제 시대에 청나라 전역의 책을 거두어 편집한 것
이다. 손으로 베껴 쓴 것이 3,400종류의 7만 9,000권가량, 제목이나
간단한 설명을 달아 놓은 것이 6,700종류의 9만 3,000권가량 된다.
이것은 당시 중국에 있던 모든 책 가운데 10%나 되는 어마어마한
양이었다.

『사고전서四庫全書』는 중국 전역의 책을 4부로 분류하고 편집한 중국 최대의 총서이다. 4부란 시경 · 서경과 같은 유교 경전류, 사기 · 삼국지 같은 역사서류, 경전 이외의 유학자들 저서와 유교 이외의 학문 유파 서적류, 개인의 문집 또는 전집류를 의미한다. 곧 모든 책들을 경 · 사 · 자 · 집의 4부로 나누어 편집한 것이 『사고전서』이다. 이 책들은 4곳의 창고에 보관되었고 이 때문에 '4고四庫'라고 불렸다. 비유하자면 문학책들은 문학 창고에, 역사책들은 역사 창고에 보관하는 것과 같은 것이다. '전서全書'는 여러 사람들의 글은 모아 놓은 것을 말한다.

『사고전서』는 청나라의 황제였던 건륭제(乾隆帝; 1711~1799)가 나라 안의 모든 서적들을 바치라고 명령한 것에서 시작하였다. 건륭제는 청나라 제6대 황제로 강희제, 옹정제, 건륭제로 이어진 청나라의 최전성기를 이룩한 인물이며, 티베트, 미얀마, 베트남 원정 등을 통하여 청나라의 영토를 최대로 확장하였다. 또한 종교와 문화에도 관심이 많았으며, 중국 역대 왕조의 역사책에서 찾아낸 잘못된 글자는 바로잡으라고 직접 명을 내리기도 하였고, 『사고전서』라는 명칭도 건륭제가 직접 지었다.

『사고전서』를 편찬하라는 명이 내려진 것은 1772년 1월 18일로, 이때 전국 각지에서 모인 책들은 수를 헤아릴 수 없었다고 한다. 당시 베이징의 유명한 고서점 거리 유리창琉璃廠의 모습은 이렇게 묘사되었다.

『사고전서』 편찬을 위해 각종 책을 닥치는 대로 모을 때, 유리창에는 강남에서 오는 산더미 같은 책을 사고파는 서점들이 이빨을 나란히 하듯 붙어 있었다.

이 가운데 청 왕조에 불리한 내용은 태워 버리거나 글자를 바꾸었으며 목판을 부수기도 하였다.

『사고전서』를 만든 동기는 건륭제가 학문을 좋아한 것도 있지만, 보다 근본적인 이유는 황제로서 청나라를 더욱 잘 통치하려는 의도가 포함된 것이었다. 청나라는 만주족이 세운 국가였다. 따라서 만주족의 지배를 받고 있던 한인漢人들은 호인胡人의 지배에 불만을 품고 있었다. 하지만 오랑캐로 생각해온 만주족이 한인의 학문과 역사를 존중하여 『사고전서』를 출판한 것은 한인의 반발을 그만큼 줄일 수 있는 것이었다. 또한 전국의 책들을 모아서 청나라에 불리한 내용을 지워 버린 후, 다시 『사고전서』를 전국에 보내면 청나라에 대한 한인들의 반감을 줄일 수 있기 때문이었다.

『사고전서』는 중국 전역에서 모인 책들을 주로 손으로 베껴 만들었다. 그러나 희귀한 책들은 세상에 널리 보급하기 위해 활자로 만들기도 하였는데 이것을 「무영전취진판」이라 하였다. 이것을 만든 사람은 김간金簡으로, 청나라로 귀화한 조선인이었다. 한편 우리나라의 개인 저서로는 화담 서경덕의 『화담집』 등이 『사고전서』에 포함되어 있다.

━

1871년 1월 18일

근대 독일 제국 통일

━

1789년의 프랑스 혁명이 유럽에 전파한 자유, 평등, 박애 정신은 유럽인들의 정치의식을 높였다. 이것은 모든 민족 집단이 자신의 문제를 간섭 없이 스스로 해결할 수 있는 독립과 자유를 획득하자는 민족주의로 발전하였다.

　프로이센을 포함한 독일의 17개 군소 국가들은 1834년 관세 동맹을
맺었지만 아직 정치적인 통일에까지 이르지는 못한 상태였다. 특히 작
센, 하노버 등의 국가들은 자유주의와 입헌주의를 반대하였다. 프로이
센의 왕인 프리드리히 빌헬름 4세 역시 국민에게 결코 헌법을 주지 않
겠다고 말하였다.

　그러나 1861년 프로이센에 빌헬름 1세가 즉위하고 1862년 비스마르
크가 프로이센의 수상으로 임명되면서 통일 독일을 위한 발걸음에 가
속도가 붙었다. 비스마르크는 자유주의자가 아니었고 프로이센과 왕에
게 충성을 바쳤다. 그는 프로이센이 마주하고 있는 문제는 연설이나 다
수결로 해결되는 것이 아니라 오직 철과 피로서 해결된다고 주장하였
다. 그리고 의회의 반대에도 불구하고 군비 확장을 단행하였다.

　또한 비스마르크는 프로이센을 중심으로 독일의 여러 나라들을 끌어
들이기 위해 자신의 이념과 윤리에 큰 의미를 두지 않았다. 그는 독일
을 통일하기 위해서 기꺼이 민주주의자가 되었으며 때로는 사회주의자
들과도 손을 잡았다.

　비스마르크는 능숙한 외교술과 무력으로 오스트리아를 고립시켰고
(1866) 프랑스와 전쟁을 벌였다. 비스마르크는 전쟁을 벌이기 위해서
민족 감정이 발생하도록 교묘히 여론을 이용하기도 했다. 1868년 스페
인에서 혁명이 일어나 여왕이 추방당하자 프로이센은 호엔촐레른 가문
의 레오폴트 공에게 왕위에 오를 것을 요청했다.

　프로이센의 빌헬름 1세는 이 문제를 논의하기 위해 온천 휴양지인
엠스로 프랑스 대사를 불러들였다. 프랑스 대사는 빌헬름 1세에게 스
페인 왕위 계승 문제에 호엔촐레른 가문이 간섭하지 않도록 힘써 달라
고 부탁했다. 빌헬름 1세는 요구를 거부하고 비스마르크에게 이 사실

을 알렸다. 비스마르크는 이 소식을 전해 듣고 프랑스 대사가 빌헬름 1
세를 모욕했으며, 왕도 프랑스 대사에게 보복적인 접대를 한 것처럼 조
작해 언론에 퍼뜨렸다.

비스마르크의 조작을 거친 사건이 알려지자 프로이센과 프랑스는 분
노로 들끓었고 전쟁을 벌이자는 주장이 메아리쳤다. 드디어 1870년 전
쟁이 발발했지만 불과 3주 만에 프랑스는 비스마르크가 철저히 훈련시
킨 프로이센군을 이겨내지 못하고 항복하였다. 그리고 1871년 1월 18
일 베르사유 궁전의 거울의 방에서 독일 제국 성립이 선포되었다.

—

1912년 1월 18일

영국 탐험가 스콧, 남극점 도착

—

1773년 서양인 최초로 남극권을 통과한 제임스 쿡 선장은 영국 정부
에 이렇게 보고했다.

나는 차가운 남쪽 바다를 항해하고 돌아왔다. 바다는 얼음으로 덮여 있
었고 배는 더 이상 남쪽으로 갈 수 없었다. 그 바다에는 어떠한 대륙도
존재하지 않는다. 그러나 얼음 때문에 접근하지 못하는 더 남쪽에는 또
다른 대륙이 있을지도 모른다.

쿡의 보고에 자극받은 영국과 미국의 포경선이 남아메리카 대륙의
최남단인 혼 곶에 모여들기 시작했고, 1819년 러시아의 알렉산드르
1세는 남극 탐험대를 파견하였다. 이후 영국인 로스의 남극 탐험이 있

었으나 유럽 세계가 경쟁적으로 남극 탐험을 나선 것은 20세기에 들어
선 이후였다. 스웨덴, 프랑스, 영국, 노르웨이 등이 남극 대륙 탐험에 적
극적으로 나섰고, 스웨덴의 아문센(Amundsen, R.; 1872~1928)과 영국인
스콧(Scott, R. F; 1868~1912)은 남극점을 최초로 밟기 위해 탐험 계획을
서둘렀다. 당시 세계 언론은 둘 중 누가 먼저 남극점에 깃발을 꽂을 것
인가를 두고 취재 경쟁을 벌였다.

 1911년 10월 20일, 아문센은 이누이트 차림을 한 네 부하와 개들이
끄는 썰매를 이끌고 남극점을 향해 출발하였다. 그리고 1911년 12월
14일 영국의 스콧보다 먼저 남극점에 도달하였다. 스콧이 남극점에 도
달한 것은 거의 한달 후인 1월 18일이었다. 이때의 처참한 심정을 스콧
은 일기에서 이렇게 표현하였다.

> 최악의 상황이 일어났다. 노르웨이인들이 우리를 앞질러 극지점에 도
> 달했다. 내일 우리는 남극점을 정복할 것이다. 그리고 가능한 빨리 기
> 지로 돌아가리라.

 스콧 일행의 귀환은 순조롭게 시작되었지만, 대원들의 몸 상태는
말이 아니었다. 2월 17일 에번스 대원이 크레바스에 빠져 추락사했
다. 3월 16일 살점이 떨어져 나가는 괴저병에 걸린 오츠 대원은 "잠깐
나갔다 오겠소."라는 한마디를 남기고 폭풍설이 휘몰아치는 밖으로 나
가 다시 돌아오지 않았다. 오츠는 자신의 죽음을 예측하고 대원들의 행
군을 방해하지 않기로 결심한 것이었다. 그다음 날인 3월 17일은 오츠
의 생일이었다. 3월 19일에 스콧과 대원 2명은 기지를 18km 남겨둔 지
점에 도착하였다.

울부짖는 듯한 눈보라 때문에 벌써 나흘째 꼼짝하지 못하고 텐트 안에
처박혀 있다.

이 문장을 마지막으로 스콧의 일기장에는 더 이상 글이 남아 있지
않았다. 11월 영국의 수색대는 스콧과 대원들의 시신을 발견하였다.
이후 호주인 모슨 등에 의해 남극 대륙 탐사는 계속되었으나 제2차
세계 대전 전까지도 겨우 대륙의 윤곽이 밝혀졌을 뿐이었다. 광대한
남극 대륙은 그 일부를 제외하고는 여전히 미지의 세계로 남아 있다.

* 1911년 12월 14일 '스웨덴 탐험가 아문센 남극점 도착' 참조.

1689년 1월 18일

프랑스 사상가 몽테스키외 출생

대표적 계몽사상가 중 한 사람인 몽테스키외(Montesquieu, C. L. de S.;
1689~1755)는 1689년 1월 18일 프랑스의 보르도에서 태어났다. 보르도
대학교에서 법학을 공부하고 1716년에는 보르도 고등 법원의 의장이
되었다.
그는 1721년 당시 유럽의 정세를 편지 형식으로 풍자한 저작『페르
시아인의 편지』를 발표하여 문학가로서의 재능을 보여 주기도 했다.
1726년에 관직에서 물러나 독일, 이탈리아, 헝가리, 영국 등 유럽 각국
을 여행하며 다양한 제도와 문화를 체험했다.
그리고 1748년, 10여 년 이상 준비해온『법의 정신』을 출간하였다.

그는 이 책에서 개인의 자유를 확보하기 위해 국가 권력을 사법 · 입법 · 행정의 삼권으로 나누어 서로 견제해야 한다는 삼권 분립을 주장하였다. 몽테스키외는 『법의 정신』을 마무리 지은 후 점점 쇠약해져 1755년 64세를 일기로 파리에서 세상을 떠났다.

1867년 1월 18일

니카라과 시인 루벤 다리오 출생

'라틴 아메리카 문학의 왕자'라 불리는 루벤 다리오(Ruben Dario; 1867~1916)는 1867년 1월 18일 출생한 니카라과 출신의 시인이다. 그는 시뿐만 아니라 단편 소설, 수필, 비평 등을 남겼으며, 모데르니스모 운동에 큰 영향을 끼쳤다. 1888년 시 분야를 중심으로 시작된 이 문학 운동은 당시 유럽, 특히 프랑스에서 전개되었던 여러 유파의 흐름을 수용하여 시어를 조탁하고 자유로운 운율을 사용하여 새로운 감수성을 표현했다.

모데르니스모 운동의 역사적 의의는 이전까지의 라틴 아메리카 시단을 풍미했던 고전주의적 시학을 혁신한 최초의 라틴 아메리카 문학 운동으로써 스페인에까지 영향을 미쳤다는 점을 들 수 있다. 루벤 다리오의 대표작으로는 「청靑」 「생명과 희망의 노래」 「아르헨티나에 바치는 노래 기타」 등이 있다.

1월의
모든 역사

1월 19일

1946년 1월 19일

극동 국제 군사 재판소 설립

제2차 세계 대전 중 일본이 일으킨 만주 사변과 태평양 전쟁의 결과는 전사자 117만 명, 부상자 461만 명, 일반인 사상자 678만 명이라는 참혹한 수치였다. 극동 국제 군사 재판은 일본이 점령지에서 벌인 잔혹한 범죄에 대한 응징을 위한 것이었지만, 그 응징은 보잘것없었다.

'도쿄 재판'이라고 불리기도 하는 극동 국제 군사 재판은 극동 지역에서 제2차 세계 대전을 일으킨 전쟁 범죄자들을 대상으로 한 재판이었다. 1946년 1월 19일에 극동 국제 군사 재판소가 설립되어 재판을 주관하였고, 1946년 2월 18일 연합국 최고 사령관이었던 맥아더가 10개국에서 재판관 10명과 검찰관 30여 명을 임명하였다. 피고석에는 국제 조약을 위반하여 침략 전쟁을 기획, 시작, 수행했던 A급 전범자 도조 히데키 등 총 28명이 앉아 있었다. 그러나 이 중 3명이 사망과 정신 이상으로 제외되었고, 25명만 재판을 받았다. 공정한 재판을 위하여 각 피고인이 선택한 일본인 변호인단과 미국 측 변호인단이 참가하였다.

그러나 도쿄 재판은 일본이 20세기에 아시아 전역에서 저지른 범죄와 비행 들을 극히 일부만 다루었다. 기나긴 침략과 학살과 전쟁을 일으키고 주도했던 패전국 일본의 최고 지도자 히로히토 일왕은 멀쩡하게 전쟁의 책임을 면하였고, 아우슈비츠의 생체 실험과 견줄 만한 731부대의 지독한 범죄는 미국 정부의 묵인 아래 불문 처리되었다.

이렇듯 도쿄 재판이 부실해진 가장 큰 원인은 재판을 진행했던 미국과 연합국의 정치적 이해관계 때문이었다. 유럽 연합국들에게 일본과 극동 아시아는 이미 먼 존재가 되었고, 중국은 날로 치열해지는 내전 속에서 자신의 가족을 죽인 일본 침략군을 잊어버렸다. 더욱이 아시아 지역의 공산화가 급속히 진행되어 중국조차 공산 국가로 넘어갈 처지였다. 미국은 일본을 아시아 지역의 공산화를 막는 마지노선으로 여겼다. 미국은 나가사키와 히로시마에 원자 폭탄을 터트려 일본의 진주만 습격에 대한 복수를 충분히 하였고, 공산화를 막는 것만이 급선무였다.

일본 정부는 도쿄 재판을 회피할 수 없는 과정으로 받아들이고 전범자를 보호하기 위해 모든 노력을 다하였다. 우선 일본 정부는 전범자를 먼저 재판하여 연합국에 통보하는 자주 재판을 열었다. 자주 재판을 열었던 것은 일본 정부가 먼저 전범자를 재판하여 처벌하면, 같은 재판을 두 번 하지 않는다는 일사부재리의 법 원칙에 따라 처벌이 어렵기 때문이었다. 또한 일본 정부는 전범을 처벌했다는 생색으로 연합국의 처벌 의지를 꺾을 수 있으리라고 생각했던 것이었다. 다음으로 일본 정부는 전범자들을 변호하기 위해 나섰다. 피고로 지목된 사람은 육군 대위, 해군 기관병 조장 등 하위 장교들뿐이었다. 1945년 10월 23일 일본 정부가 마련한 A급 전범자에 대한 기본 방침은 다음과 같았다.

· 전쟁은 국제 정세에 따라 어쩔 수 없이 치른 것임을 분명히 할 것
· 개인의 의지와 무관하게 전쟁에 참여한 사실을 알리고 범죄 사실을
  부정 또는 변호할 것

일본 정부는 이를 효과적으로 달성하기 위해 전범자들에게 전쟁 책임 등에 관한 응답 요령을 만들어 제공하였다.

도쿄 재판이 진행되자 일본이 저지른 만행이 다시 한 번 만천하에 드러나게 되었다. 당시 재판에 증인으로 섰던 난징 학살 사건의 목격자는 이와 같이 증언하였다.

"그때 나는 학살 사건 현장에 있었는데, 시내 곳곳에 쌓인 시체를 500까지 세다가 그만두었죠. 시체들에는 남녀노소가 함께 있었지만 군복을 입은 사람은 한 명도 없었습니다."

이러한 증언을 토대로 도쿄 재판의 판결문은 난징 사건에서 20만 이상의 중국인이 학살되었다고 인정하였다. 하지만 일본 측은 이에 대해 "당시 장제스 군대가 게릴라 부대를 민간인 복장으로 위장하여 전투를

벌여서 민간인과 군인을 구별할 수 없어 일어난 불상사이다."라고 변명
하였다.

최종 판결은 1948년 11월 12일에 확정되었다. 관동군 참모장과 수
상을 거친 도조 히데키 등 7명은 교수형으로, 조선 총독을 지낸 미나미
지로 등 16명은 종신형으로, 나머지 2명은 금고형을 받았다.

도쿄 재판은 일본이 일으킨 전쟁의 책임을 묻고 전쟁의 수행 과정에
서 있었던 온갖 잔혹한 범죄를 처단하기에는 한계가 너무 컸다. 유엔
전범 위원회 초대 의장이었던 라이트 경은 대다수의 일본 전범들이 처
벌받지 않을 것이라고 실토하였다. 실제로 처벌받은 일본인 전범자는
단 1%밖에 되지 않았다.

도쿄 재판의 주된 대상이 된 이른바 '15년 전쟁'은 메이지 유신부터
추구된 일본의 팽창 정책과 아시아 침략의 길에서 발생한 것이었다. 따
라서 도쿄 재판이 다룬 것은 근대 일본이 저지른 엄청난 범죄의 빙산의
일각에 불과하였다. 재판에 올라야 했던 것은 근대 일본의 역사 자체였
던 것이다.

—

1798년 1월 19일

프랑스 철학자 콩트 출생

—

프랑스의 철학자 콩트(Comte, A.; 1798~1857)는 실증주의 학파를 창
시한 사람으로 유명하다. 1798년 1월 19일 남프랑스 몽펠리에에서 태
어나 파리에서 공부하였다. 그는 1818~1824년 사이에 생시몽의 출판
일을 도왔으며, 이때의 경험은 그의 철학적 사고에도 큰 영향을 미쳤

다. 콩트는 사회 개혁가였고, 어떻게 하면 개인과 국가가 서로 조화를
이루며 살아갈 수 있는지 연구하였다.

1896년에 출판한 『실증 철학 강의』에서 콩트는 사회 진화와 과학 발
전 단계와의 관련성을 분석하였다. 콩트는 자신의 철학을 '실증주의'라
불렀는데, 이것은 과학적 · 실증적으로 도출되지 않은 인식에 대해 타
당성을 부인하는 좁은 과학 철학을 의미했다. 그는 「3단계 법칙」에서
인간의 지식의 발전 단계를 신학적 · 형이상학적 · 실증적인 단계로 구
분하고, 최후의 실증적 단계가 참다운 과학적 지식의 단계라고 주장하
였다.

—

1839년 1월 19일

프랑스 화가 세잔 출생

—

사과 하나로 현대 미술의 창시자가 된 세잔(Cezanne, P.; 1839~1906)
은 인상파 화가들과 같은 시기에 활동하였다. 그러나 세잔의 작품은 인
상주의보다 후기 인상주의 경향으로 분류된다. 1880년대 이후의 화가
들은 대개 인상주의의 경향을 흠모했지만, 그 양식에 만족할 수 없었
던 화가들에 의해 후기 인상주의가 탄생했고, 세잔은 그 화가들 중 한
명이었다.

세잔은 1839년 1월 19일 남프랑스에서 태어났다. 그는 인상주의가
소멸시킨 형태를 회복하기 위해 '원기둥' '원뿔' '구'로 보는 자연의 건
축적 재구성을 시도했으며 고정된 시각을 풀어 헤치는 입체파의 전
단계를 보여 주었다. 대표작으로는 「카드놀이 하는 사람들」 「목욕하

는 여인들」「생빅투아르 산」 등이 있다.

—

1809년 1월 19일

미국 문학가 에드거 앨런 포 출생

—

아주 옛날 옛적에 바닷가 어느 왕국에

애너벨 리라는 이름을 가진

여러분도 다 아실 만한 한 소녀가 살고 있었습니다.

이 소녀가 살면서 오직 생각했던 것은

사랑하는 것과 나에게 사랑받는 것뿐이었습니다.

달빛은 비출 때마다 그 아름다운 애너벨 리의 꿈을 가져다주고

들이 떠오를 때마다 그 아름다운 애너벨 리의 빛나는 눈을 느낍니다.

밤이 밀려들 때면 나는

나의 사랑 나의 연인, 나의 삶, 나의 신부인 그녀 곁에 누워 봅니다.

바닷가 그녀의 무덤에

파도 소리 들리는 그녀의 무덤에……

이 시는 포(Poe, E. A.; 1809~1849)가 쓴 마지막 시 애너벨 리의 처음과 마지막 부분으로 그의 시 경향을 가장 잘 나타낸다. 이 시에서의 애너벨 리는 그의 부인 버지니아를 가리키는 것으로 일반적으로 알려져 있다. 하지만 이 시는 그러한 현실적인 상황을 초월해 그의 시적 상상력이 최대로 집중된 시로 평가된다.

포는 1809년 1월 19일 매서추세스 주 보스턴에서 태어났다. 포의 부모는 모두 배우로 같이 무대 생활을 하며 두 아들을 낳았는데, 포의 어머니는 인기를 얻었으나 아버지는 그렇지 못했다. 자신을 잃은 포의 아버지는 1810년 행방을 감추었다.

아들 양육을 위해 지방공연까지 하던 포의 어머니는 1811년 2월에 리치먼드에서 24세로 죽고, 포는 그 도시에 살고 있던 존 앨런 부부에게 맡겨진다.

1827년 양부에 의해 대학을 중퇴한 포는 약 40페이지의 작은 처녀시집 『타메를란과 다른 시들』을 출판하였지만 세상의 관심을 끌지는 못했다. 그후 1836년 5월, 26세의 나이로 당시 아직 열세 살인 어린 버지니아와 결혼했다.

1843년 필라델피아의 한 신문에 단편 『황금벌레』가 당선되어 의욕을 되찾은 끝에 연이어 『검은 고양이』『고자질하는 심장』『갈까마귀』 등을 발표했다. 그러나 1847년 1월 포덤에 있는 집에서 이번에는 아내 버지니아가 24세의 젊은 나이로 죽었다.

1849년 10월 3일 볼티모어에서 포는 인사불성이 된 채로 발견되어 워싱턴 병원으로 옮겨졌으나 숨을 거두었다. 마지막으로 남긴 말은 "주여 내 가난한 영혼을 구하소서."였다.

2010년 1월 19일

일본항공, 파산 신청

2010년 1월 19일, 일본에서 6번째로 큰 기업이자 일본을 대표하는

항공사 일본항공JAL이 도쿄 지방 법원에 법정 관리를 신청함과 동시에 회사 갱생법 적용을 신청해 사실상 파산 상태임을 알렸다.

일본항공은 1951년 민영 항공사로 출발하였으나, 1953년 국유화되었고, 1987년 다시 민영화되었으나 이후 수차례 공적 자금을 지원받는 등 지속적인 경영난이 있었다. 이날 일본항공의 사장이었던 니시마쓰 하루카의 사임도 결정되었다.

1월의
모든 역사

1월 20일

B.C. 331년 1월 20일

알렉산더 대왕, 알렉산드리아 건설

사모트라케의 니케 조각상은 옷의 주름과 날개의 몸짓만으로도 세차게 불어오는 바람에 맞서는 생생한 기운을 느끼게 해준다. 이 역동감과 함께 놀라운 균형미는 헬레니즘 조각의 진수를 보여 준다.

  B.C. 338년 마케도니아의 필리포스 왕이 이끄는 군대는 아테네를 정
복하였다. 2년 후 필리포스의 아들인 알렉산더(Alexander; B.C. 356~B.C.
323)는 왕위에 오른 지 불과 12년 만에 시리아, 팔레스타인, 이집트 등
을 정복하고 더 나아가 인도에 이르렀다.

  역사가들은 알렉산더 대왕의 시대부터 로마가 이집트를 병합하는
B.C. 30년까지의 기간을 '헬레니즘 시대'라고 부른다. 이 시대의 문화는
개방적이며 세계 시민주의적 경향을 띠었다. 이것은 그리스 폴리스 문
화에 알렉산더 대왕의 동방 원정 과정에서 받아들인 동방 문화의 혼합
때문에 가능한 것이었다.

  알렉산더 대왕은 제국 안에 자기 이름을 붙인 많은 도시를 세웠으며,
그중에서도 이집트의 알렉산드리아가 가장 유명하다. B.C. 331년 1월
20일 이집트 원정 때 건설된 알렉산드리아는 나일 강 하구에 위치했으
며, 훗날 프톨레마이오스가 다스리는 이집트의 수도가 되어 헬레니즘
시대의 문화 · 경제 중심지로 발전하였다. 알렉산드리아는 세심한 도시
계획을 세워 만든 도시로 왕궁, 세라피스 신전, 파로스 섬의 등대 등이
있었다.

  알렉산드리아에서는 왕가의 보호 정책 때문에 학문과 예술이 발전하
고 자연 과학의 연구가 활발하였다. 무세이온과 부속 도서관, 천문대,
해부학 연구소, 동물원 등이 설립되었으며, 기하학의 유클리드, 지리 ·
역사 · 자연 과학의 에라토스테네스, 지리학의 프톨레마이오스, 문헌학
의 칼리마코스 등의 대학자를 배출하였다.

  이민족 알렉산더 대왕에게서 시작된 헬레니즘 시대가 열리고 동방
원정을 거치는 동안 헬레니즘 문화는 고대 그리스와는 다른 특색을 띠
게 되었다. 사상적인 측면으로는 그리스를 지배하던 폴리스 중심의 공

동체적 문화가 쇠퇴하면서 개인의 출세와 성공을 중심으로 하는 개인
주의적 학파가 발생하였다. 생활의 기본 원리를 즐거움에서 찾으려 했
던 에피쿠로스학파, 피론에서 출발하여 인간의 감각을 중시한 회의파,
모든 욕심에서 벗어나려고 하여 금욕파라고도 불린 스토아학파 등이
있다.

헬레니즘 시대의 미술 역시 개인주의적 모습을 띠었다. 건축의 경우
고대 그리스는 웅장한 신전 등을 중심으로 발전하였으나 이 시대에는
궁전, 극장, 개인 저택 등을 중심으로 발전하였다. 조각 역시 조화와 균
형을 강조하던 이전 시대와 다르게 격정적이며 극적인 효과를 강조하
였다. 「사모트라케의 니케」는 헬레니즘 시대의 대표적인 조각상이며,
「라오콘」과 「밀로의 비너스」도 빼놓을 수 없다.

「밀로의 비너스」는 1820년 에게 해의 작은 섬에서 한 농부가 발견하
였다. 마침 그 근처에 있던 프랑스 해군 함장이 이 사실을 알고 농부에
게서 조각상을 받아 루이 18세에게 헌납하였다. 사랑과 미, 풍요를 상징
하는 여신인 비너스의 조각상은 높이가 2m나 된다. 머리가 작고 목이
길며, 생동적이고도 풍만한 상체는 왼쪽 발에 힘을 실어 왼쪽으로 비틀
고 오른쪽으로 굽힌 몸 전체가 균형미를 나타내는 동시에 헬레니즘 예
술의 관능적인 아름다움을 잘 보여 준다.

한편 1994년 가을, 프랑스 해저 고고학 발굴팀이 수심 7m 정도의 바
닷속에서 파로스 섬 등대의 잔해 수백 점을 건지는 데 성공하였다. 프
톨레마이오스 2세의 명령으로 소스트라투스가 설계한 이 등대는 대리
석으로 만들었으며 높이는 135m 정도로 추정되었다. 등대 안쪽에는
나선형 계단이 등대 꼭대기의 옥탑까지 이어져 있었으며, 옥탑 위에는
거대한 동상이 우뚝 솟아 있었는데 아마도 알렉산더 대왕이나 태양신

헬리오스의 모양을 본떴을 것으로 추정되었다.

1875년 1월 20일

프랑스 화가 밀레 사망

밀레(Millet, J.; 1814~1875)는 프랑스의 노르망디 지방에서 태어난 화가이다. 그는 독특한 시적인 정감과 우수에 찬 분위기가 감도는 작품을 그려 냈다. 농촌 생활과 풍경을 주로 그렸으며, 나이가 들어서는 사회적으로도 인정받는 화가가 되어 프랑스 최고의 훈장을 받았다. 「씨 뿌리는 사람」「이삭줍기」「만종」「실 잣는 여인」「봄」 등의 유명한 작품을 남기고 1875년 1월 20일 세상을 떠났다.

1920년 1월 20일

이탈리아 영화감독 펠리니 출생

이탈리아의 영화감독 펠리니(Fellini, F.; 1920~1993)는 영화 『길』을 통해 물질적인 성향이 강했던 시대의 흐름에서 탈피해 인간의 순수성을 고찰하였다. 1920년 1월 20일 출생한 그는 처음에 신실증주의 작품을 시나리오로 썼다. 하지만 1950년대에 영화감독이 되면서 우화와 같은 단순한 이야기를 영화로 만들어 인간 내면의 휴머니즘적 요소를 표현하였다. 대표작으로는 『812』『아마르코드』 등의 영화가 있다.

—

1993년 1월 20일

오드리 헵번 사망

—

로마를 방문한 앤 공주는 쉴 틈 없는 일정에 지쳐 안정제를 먹고 침대
에 눕는다. 그러나 잠이 오지 않아 창밖을 바라보다 충동적으로 거리로
나선다. 스페인 광장을 거닐던 앤은 안정제 때문에 벤치에 쓰러진다.

– 영화『로마의 휴일』중

오드리 헵번(Hepburn, A.; 1929~1993)은 벨기에 브뤼셀에서 영국 은
행가인 아버지 러스턴과 네덜란드 귀족인 어머니 판 헤임스트라의 딸
로 태어났다. 영화『로마의 휴일』로 '헵번 스타일'이라 불리는 헤어스타
일을 유행시켰으며, 1953년 아카데미 여우주연상을 받았다.

오드리 헵번은 어린 시절 네덜란드의 아르넴에서 휴가를 보내던 중,
히틀러의 군대가 마을을 점령해 우울증과 영양실조에 시달리기도 했
다. 훗날 오드리 헵번에게 가장 연기하고 싶은 인물을 물어보았을 때
그녀는 "안네 프랑크."라고 대답하였다.

이렇듯 어린 시절의 기아를 평생 가슴에 담고 살았던 헵번은 스크
린을 떠난 이후에도 유니세프 친선 대사로 활발한 활동을 벌였으며,
1993년 1월 20일 세상을 떠날 때까지 제3세계의 아이들을 위해 전 세
계에 구호를 호소하였다.

2009년 1월 20일

오바마 미국 제44대 대통령으로 취임

2009년 1월 20일 미국에서는 유례없는 대통령 취임식이 거행되었다. 미국 국민은 물론 전 세계인이 시선을 집중한 취임식의 주인공은 바로 버락 오바마(Obama, B. H. Jr.; 1961~)였다.

오바마는 영국계 백인 어머니와 케냐 출신의 흑인 아버지 사이에서 태어났으며, 그의 이름인 '버락'은 아버지 나라의 말로 '축복받은 자'라는 뜻이었다. 이날 있었던 버락 오바마의 제44대 대통령 취임식은 미국이 영국 식민지에서 독립하여 조지 워싱턴이 제1대 대통령으로 취임했던 1789년 이후 최초의 유색 인종 대통령을 맞이한 사건으로, 미국 역사의 새로운 장이 열리는 기념비적인 순간이었다.

* 2008년 11월 4일 '오바마, 미국 최초 흑인 대통령 당선' 참조.

1월의
모든 역사

1월 21일

■
·
■

1793년 1월 21일

프랑스 루이 16세 처형

혁명은 서서히 종국으로 치달아 가고 있었다. 지롱드파와 자코뱅파
는 의견을 달리하긴 했지만 루이 16세를 재판할 수밖에 없는 상황
에 놓이게 되었다. 지롱드파는 가능하면 재판을 피하려고 하였고,
안 되더라도 최소한 사형은 면하게 하려 하였다. 그러나 12월에 시
작된 이 재판은 거의 만장일치로 루이 16세의 유죄를 인정했으며,
근소한 표차로 사형이 결정되었다. 그리고 1793년 1월 21일, 루이
16세는 기요틴의 이슬로 사라졌다.

왕의 권력은 신에게 부여받는다는 왕권신수설에 가장 어울렸던 프랑스의 루이 14세는 유럽 절대주의 시대의 상징적인 왕이었다. 그러나 루이 14세가 죽고 100년이 채 지나기도 전에 루이 16세는 프랑스 혁명으로 처형되고 절대주의 시대는 막을 내렸다.

일반적으로 프랑스 혁명 전의 상황을 '앙시엥레짐(구체제)'이라고 부른다. 앙리 4세에서 루이 16세에 이르는 17~18세기의 프랑스 왕들은 왕권신수설에 바탕을 둔 절대 왕권을 누렸다.

이 무렵 프랑스는 계몽사상의 중심지로서 유럽 문화를 주도하고 있었으나, 정치적인 측면에서는 헌법 비슷한 것조차 없었고 의회도 거의 열리지 않았다. 또한 사회적인 측면에서는 중세부터 이어진 봉건적인 관습과 사회적 모순이 그대로 유지되고 있어, 귀족들은 농민층에 지나친 세금과 충성을 요구했다. 신분적으로도 제1 신분인 성직자, 제2 신분인 귀족, 제3 신분인 시민으로 나뉘어 있었다.

특권층인 제1 신분과 제2 신분은 프랑스 전체 인구의 2%도 되지 않았지만 국토의 절반 이상을 차지하였다. 그러나 인구의 80%를 차지하고 있는 농민들은 토지세인 타이유, 교회에 내는 $\frac{1}{10}$세, 인두세, 소득세 등과 같은 직접세와 소금세와 같은 간접세로 수입의 절반가량을 빼앗기고 있었다. 특히 소금세는 농민들에게 가장 증오의 대상이 된 세금이었다. 소금세 때문에 매년 3만 명 이상이 감옥으로 가고 500명 이상이 사형에 처해졌다.

지식인들은 이런 상황에 대해 날카로운 비판을 하였으나 근본적인 개혁은 이루어지지 않았다. 프랑스는 루이 14세 이후 전쟁으로 국가 재정이 바닥나고 있었다. 특히 미국의 독립 전쟁을 지원하느라 재정은 거의 위기 상황이었다. 루이 16세는 이러한 국가 재정 위기를 헤쳐 나가기 위해 튀르고를 재무 장관으로 임명하여 개혁을 시도하였으나 귀족들의 반발로 실패하였다. 결국 루이 16세는 상인, 공장 경영자 등의 부르주아 계급에게 재정적인 도움을 받기 위해 신분회를 소집하였다. 신분회가 열리자 부르주아 계급들은 자기들의 권리를 주장하였고, 구체제에 얽매여 있던 모든 모순들이 갑자기 겉으로 드러나게 되었다. 신분회가 프랑스 혁명의 도화선이 된 것이었다.

사실 루이 16세는 성실하였다고 전해진다. 그러나 의지가 약하고 결단력이 부족하였으며, 정무에는 열심이었으나 난국을 타개할 만한 기량이 없었다.

1789년 7월 프랑스 혁명이 발생하자 루이 16세는 베르사유 궁전에서 파리로 옮겨져 민중의 감시하에 놓였다. 그 후 미라보의 중개로 의회와 궁정 사이가 안정되는 듯하였으나 1791년 6월 일가족과 함께 파리를 탈출하여 국외로 도망하던 중 체포되었다. 1791년의 헌법 성립과 동시에 입헌 군주제 원수의 지위가 보장되었지만 1792년 8월 10일 파리 시민이 재차 봉기하여 탕플에 유폐되었다. 결국 루이 16세의 왕권은 정지되었고, 다음 해인 1793년 1월 21일 로베스피에르의 주장에 따라 기요틴의 이슬로 사라졌다.

1941년 1월 21일

스페인 성악가 플라시도 도밍고 출생

세계적인 성악가 플라시도 도밍고는 성악을 공부하는 학생들에게 말했다.

"내가 어렸을 때 조그만 합창단에서 노래하였지. 그때 주위의 친구들은

내가 받은 재능이 무척 크니 꿈을 키우라고 충고해 주더군. 만일 그 친
구들의 충고를 듣지 않고 그 자리에 주저앉았다면 지금의 나는 있을 수
없을 것이야. 이 때문인지 성악가로 성공한 지금도 만족하지 않고 여전
히 꿈을 키우고 있어."

 첼로의 음색을 가진 공명, 화려하면서도 감각적 색채가 짙은 소리를
가진 성악가.
 플라시도 도밍고(Domingo, J. P.; 1941~)는 1941년 1월 21일 스페인
마드리드에서 태어났다. 부모 모두 스페인의 민속 오페라 가수였으며
8살 때 부모를 따라 멕시코로 이주해 그곳에서 성장했다. 이때부터 도
밍고는 피아노를 배웠다. 멕시코시티 음악원에서 피아노와 지휘를 공
부한 뒤에는 성악으로 전공을 바꾸었다.
 도밍고는 16살 되던 해부터 오페라 합창단에서 노래를 시작하여 2년
동안 바리톤으로 활동하였다. 이때 스페인 오페라 스타일인『사르수엘
라』공연에서 A플랫까지 이르는 음역을 바리톤으로 부르다가 소리가
흔들리면서 목에 이상이 생긴 것을 깨달았다. 그래서 더 이상 노래하는
것을 중단하고 나이트클럽에 취직하여 돈벌이에 뛰어들었다.
 이런 상황을 보다 못한 그의 친구들이 오페라 극장의 오디션 참가를
간곡히 부탁하여 바리톤의 아리아를 불렀다. 그때 극장 관계자 한 사람
이 그의 테너 음색을 발견하고 테너 아리아 한 곡을 불러 보라고 한 뒤
테너 조역을 그에게 맡겨 주었다. 1960년 멕시코에서 공연된『라 트라
비아타』에서의 '알프레도' 역이 그의 첫 테너 데뷔 무대였다.
 이듬해에는 첫 번째 부인과 이혼하고 텔아비브로 가서 이스라엘 국
립 오페라단에 입단하였다. 소프라노였던 두 번째 부인은 완벽한 청각

을 가진 음악가였다. '도밍고의 귀'라는 소문이 날 정도로 남편의 실수와 잘못된 부분을 지적하며 도밍고가 소리를 찾는 데 헌신을 다했다. 1966년 그가 뉴욕 시티 오페라 무대에 섰을 때 텔아비브 시절의 피나는 노력은 빛을 발휘하여 여느 테너 못지 않은 박수갈채를 받았다. 그리고 1970년에는 모든 성악가가 서고 싶어 하는 스칼라 극장의 별이 되었다.

도밍고는 오페라 무대에 등장하기까지 연습량이 많은 성악가로도 유명하다. 1975년 함부르크에서 있었던 『오텔로』 공연을 위해서 무려 150시간 동안 연습하였는데, 그가 스스로도 가장 좋아하고 완벽하게 표현할 수 있는 레퍼토리가 된 것은 이 때문이라고 한다.

—

1549년 1월 21일

영국, 통일령 공포

—

통일령은 영국 의회가 1549~1562년까지 4차에 걸쳐 제정, 공포한 법률로 영국 국교회의 예배와 기도, 의식 등을 통일한 것이다. 그 첫 번째 공포가 1549년 1월 21일이었다. 1534년 헨리 8세가 영국 교회의 수장임을 발표한 의회는 통일령을 발표함으로써 중세 가톨릭과 교황의 권위에 대항하는 프로테스탄티즘을 확립할 수 있었다.

1954년 1월 21일

최초의 핵잠수함 노틸러스호 진수

잠수함의 역사는 원자력의 발견으로 커다란 진보를 맞이하게 되었다. 1954년 1월 21일 '앵무조개'라는 뜻의 원자력 잠수함 노틸러스호가세계 최초로 진수되었다. 잠수함에 장착된 원자로는 빠른 속도를 낼 수있는 터빈 엔진을 가동시켰으며, 산소 공급이 필요 없었다. 원자력 잠수함은 물속에서 30노트 이상의 속도를 낼 수 있고 시간 제한 없이 잠수할 수 있어 단 한 번도 수면 위로 올라오지 않고 세계를 일주할 수 있는 신세계를 열었다.

1905년 1월 21일

프랑스의 패션 디자이너 크리스티앙 디오르 출생

"나는 여성을 꽃처럼 디자인하였다."라는 말로 유명한 프랑스의 대표적인 하이패션 디자이너 크리스티앙 디오르(Dior, C.; 1905~1957)은1905년 1월 21일 프랑스에서 태어났다.

그는 1946년 처음으로 자신의 이름을 붙인 매장을 열었다. 이듬해에는 본격적으로 파리 컬렉션에 작품들을 내놓았으며, 그의 의상은 폭발적인 반응을 일으켰다. 프랑스를 비롯한 유럽뿐만이 아니라 미국에서도 그의 인기는 놀라워, 1951년에는 미국으로 수출된 디오르의 의상이프랑스 전체 수출 액수의 5%나 되었다. 그의 디자인은 프랑스의 예술

적 자존심으로 자리매김하였고, 1956년에는 레지옹 도뇌르 훈장을 수
여받았다.

　패션 산업계 최초로 라이센스 사업을 시도하여 이후의 패션 산업 구
조에도 지대한 영향을 미쳤던 디오르는 1957년세계 패션 업계를 풍미
한 지 겨우 11년 만에 세상을 떠났다.

1월의
모든 역사

1월 22일

■
■
■

1860년 1월 22일

앙코르 유적이 세상에 드러나다

서양 고대 문명이 우리에게 남겨준 것 이상으로 완벽한 예술적 감
각을 갖춘 유적이 여기 동양에도 존재한다는 사실을 어서 빨리 알
리고 싶다. 앙코르를 찾아온 여행객들은 사원을 보자마자 그때까
지의 온갖 노고를 모두 잊고 감탄과 환희로 빠져들 것이다. 그 기분
은…… 마치 마술에 걸린 듯 갑자기 야만에서 문명으로, 어둠에서
빛으로 전환하는 것이다.

-앙리 무오

프랑스의 탐험가이자 자연학자였던 앙리 무오(Mouhot, H.; 1826~1861)
는 1860년 1월 22일 앙코르 유적을 처음으로 마주쳤을 때의 감정을 이
렇게 표현하였다. 캄보디아의 앙코르 유적에는 운하, 앙코르톰, 앙코르
와트, 바욘 등이 있다. '앙코르'는 왕이 있는 수도를, '와트'는 사원 또는
절을 의미한다. 앙코르와트는 성벽의 길이가 동서로 1.5km, 남북으로
1.3km나 된다. 벽을 지나 안으로 들어서면 폭 200m의 해자가 보이고,
다리로 해자를 건너면 탑 5기가 보인다. 이 중 중앙의 탑이 가장 높다.

앙코르와트는 우주의 축소판으로 지상에 있는 우주의 모형이라 할
수 있다. 중앙의 탑은 사원의 정중앙에 세워져 우주의 중심인 수미산을
상징하고, 5개의 탑은 수미산의 큰 봉우리 5개를 나타낸다. 성벽은 세
상 끝을 둘러싼 산맥을 뜻하고, 해자는 우주의 바다를 상징한다. 앙코
르와트의 3층 중앙 탑들이 있는 곳은 천상계를 상징하고, 2층은 인간
계, 1층은 미물계를 나타낸다.

앙코르와트는 12세기 중반 무렵 크메르 왕조에서 건립하였다. 당시
크메르족은 왕이나 이름난 왕족은 사후에 신과 하나가 된다고 믿었다.
이 때문에 크메르의 왕들은 자신과 하나가 될 신의 사원을 건립했다.
앙코르와트는 앙코르 왕조의 전성기를 이룬 수리아바르만 2세가 힌두
교 주신의 하나인 비슈누와 합일하기 위하여 건립한 힌두교 사원이다.
그러나 후세에 이르러 불교도들이 힌두교의 신상神像을 파괴하고 불상
을 모시게 됨에 따라 불교 사원으로 보이기도 하지만 건물, 장식, 부조
등 모든 면에서 힌두교 사원의 양식을 따르고 있다.

앙코르 유적을 널리 알린 앙리 무오는 앙코르 유적을 조사하면서 많
은 기록을 남겼다. 무오의 기록은 책으로 출간되었으며, 1862년에는 왕
립 지리학회에서 청중에게 낭독되기도 하였다. 이후 앙코르 유적은 프

랑스의 여러 단체들에 의해 조사되어 더욱 널리 알려지게 되었다.

1788년 1월 22일

영국 낭만주의 시인 바이런 출생

> 오, 사랑이여! 그대는 바로 악의 신이로다.
> 하긴 우리는 그대를 악마라고는 부르지 못하니까.
>
> ─바이런, 「돈 후안」

키츠, 셸리와 함께 영국의 낭만주의 문학을 대표하는 바이런(Byron, G. G.; 1788~1824)은 1788년 1월 22일 런던에서 태어났다. 1805년 케임브리지 대학교의 트리니티 칼리지에 들어가 시집 『게으른 나날』을 출판하였고, 1809년부터는 2년에 걸쳐 스페인과 그리스 등을 여행하면서 장편 서사시 「차일드 해럴드의 순례기」를 썼다. 이 시는 생의 권태와 동경에 대해 자유분방한 시풍과 이국적인 정서를 바탕으로 쓴 것으로, "어느 날 아침, 잠에서 깨어나 보니 유명 인사가 돼 있더군."이라 말할 정도로 세상의 호평을 받았다.

1823년 그리스 독립 운동을 도우러 간 바이런은 이듬해 말라리아에 걸려 사망하였다. 바이런은 죽기 전까지 장편 서사시 「돈 후안」을 썼는데, 이 시는 스페인의 전설적인 인물 돈 후안을 주인공으로 하여 사회의 위선과 속박을 비웃는 내용을 담고 있다.

낭만주의의 본질은 고전주의와 다르게 사람의 감정과 본능을 찬미하는 데 있다. 18세기 말에서 19세기 초 사이에 민족정신의 각성과 때를 같이하여 유럽 전 지역에서 발달하였다. 낭만주의의 선구자로는 루소, 실러, 괴테 등이 있다. 루소는 계몽사상가였지만 이성보다 감정의 힘을 중시하였고, 『빌헬름 텔』로 유명한 실러는 스위스인의 독립 의식을 높였다. 괴테는 『파우스트』와 『젊은 베르테르의 슬픔』 등을 통해 차갑고 감정이 메마른 고전주의에 대항하였다.

낭만주의의 전성기는 19세기의 첫 30년간으로 이 시기를 두 가지 특성으로 나눌 수 있다. 한 가지는 워즈워스 · 콜리지 · 스콧의 작품에서 보이는 열정이고, 또 하나는 이들보다 젊은 그룹인 바이런 · 셸리 · 키츠의 작품에서 드러나는 환멸감과 반항적 태도이다.

워즈워스는 시의 목적을 '평범한 인간의 생활을 평범한 언어로 그리는 것'이라고 표현했다. 그는 전원의 단순한 이야기, 시골의 소박한 인간들의 행동을 다룬 탁월한 자연 시인이고 인간 시인이었다. 워즈워스는 단순하고 자연적인 주제 위에 상상의 빛을 던졌으나, 콜리지는 초자연적이고 이색적인 작품을 썼다. 특히 「옛 수부의 노래」라는 민요시는 배를 따라오는 알바트로스를 죽이고 무서운 고통으로 저주받는 한 수부의 이상한 모험을 이야기했다. 키츠는 강렬한 상상력과 심미적 감각으로 평생을 예술 세계 속에 빠져 있었다. 그는 예리한 지성이 결여된 대신 감각적 관능적 표현이 뛰어나 영혼의 미를 추구하고 진실이 곧 아름다움이라는 내면을 투사한 시인이었다.

낭만주의의 전반적인 특징은 사회적 · 문학적 전통으로부터의 도피, 자연으로의 회귀, 자연과 예술에 있어서의 야성, 불규칙성, 괴기에 대한 열광, 시골 생활의 이상화, 상상력의 개화, 감상적 우울, 민요의 수집과 모방, 중세와 고대 문학에 대한 흥미 등을 들 수 있다. 하지만 낭만주의

는 이성과 과학적 분석을 무시하였고, 과장된 정서적 표현이나 지나친
감상으로 올바른 판단을 막기도 하였다.

—

1905년 1월 22일

러시아 혁명의 발단 피의 일요일 사건 발생

—

1905년 1월 22일, 러시아력으로 1월 9일이었던 이날은 일요일이었
다. 러시아 정교회의 가폰 신부가 이끄는 노동자와 그들의 가족 15만
명은 차르에게 갖가지 경제적 · 정치적 요구를 적은 청원서를 전하고자
차르의 초상화를 앞세우고 겨울궁전을 향해 평화 행진을 했다.

그러나 광장에서 그들을 기다리고 있는 것은 정의롭고 자비로운 차
르가 아니라 총칼로 무장한 군대였다. 군대는 평화롭게 행진하던 시
위대를 향해 발포하기 시작했고 앞장섰던 노동자들이 하나둘 쓰러졌
다. 1,000여 명이 죽고 3,000여 명이 부상을 입은 이날을 후세 사람들은
'피의 일요일' 또는 '제1차 러시아 혁명'이라고 불렀다.

피의 일요일로 러시아에서는 혁명의 기운이 감도는 듯하였으나,
1914년 제1차 세계 대전이 발생하여 혁명은 잠시 뒷걸음질 치게 되었
다. 그러나 독일전 패배와 국민적인 반전 분위기 확산, 억압 정치, 정부
의 무능과 부패에 대한 국민적 불만이 수도 상트페테르부르크의 식량
배급 중단 사태를 계기로 다시금 폭발했다.

1917년의 2월 혁명으로 니콜라이 2세가 퇴위하고 제정 러시아는 무
너졌다. 그리고 레닌이 10월 26일 새벽 2시 무렵 임시 정부의 각료들을
체포하면서 세계 최초의 사회주의 정권이 탄생하게 되었다.

1561년 1월 22일

영국 철학자 프랜시스 베이컨 출생

베이컨(Bacon, F.:1561~1626)은 영국의 철학자이자 수필가이며 정치가이다. 1561년 1월 22일 출생하여 트리티니 칼리지를 나와 1584년에 국회의원이 되었다. 그는 엘리자베스 1세의 세금 정책을 반대하여 정치적인 시련을 겪었다.

"아는 것이 힘이다." "진리를 깨닫지 못하도록 가로막는 4종류의 편견은 종족, 동굴, 동굴, 극장의 우상이다."라는 명언을 남긴 베이컨은 영국 고전 경험론의 창시자로 불린다.

저서로 과학적 유토피아를 묘사한 『뉴 아틀란티스』와 격언들로 유명해진 『수필집』 등이 있다.

1월의
모든 역사

1월 23일

:
:

608년 1월 23일

수나라, 대운하 건설 시작

수나라 망한 것이 이 운하 때문이라 할지라도
盡管隋亡爲此河

지금도 그 물길 따라 천 리나 파도를 헤쳐 가고 있으니
至今千里賴通波

임금의 화려한 뱃놀이만 없었더라면
若無水殿龍舟事

덕스런 우 임금의 공과 같으리
共禹論功不少多

-피일휴

당나라 시인 피일휴의 이 시는 수나라 대에 건설된 대운하를 보고 읊은 것이다. 대운하의 개통은 우 임금의 치수, 시황제의 만리장성에 비견할 만큼 중국 역사에 커다란 영향을 끼친 대규모 건설이었다.

수나라는 608년 1월 23일을 기점으로 영제거, 광통거, 통제거, 한구와 같은 대규모 운하를 건설하였다. 수양제(隋煬帝; 569~618)가 통치하던 6년간 건설된 운하의 길이는 영제거를 포함하여 1,750km나 되며, 공사에 동원된 인원만 550만 명이었다. 당시 노역의 처참함이 이루 말할 수 없어, 공사 중에 죽거나 도망친 자가 20만 명에 달했다고 한다.

운하를 건설하면 남쪽 지방의 풍부한 물자와 군사를 북쪽으로 보다 쉽게 운반할 수 있게 된다. 수나라는 운하를 건설하여 남북조 시대라는 중국의 혼란기를 극복하려 하였으며, 북쪽의 위협 세력인 고구려를 원정하려고 하였다.

비록 운하 건설은 수나라 멸망의 큰 원인이 되었지만, 진정한 의미에서 중국 남북의 정치적 · 경제적 통일은 운하의 개통으로 완성되었다.

—

1783년 1월 23일

프랑스 작가 스탕달 출생

—

스탕달(Stendhal; 1783~1842)은 1783년 1월 23일 프랑스 그르노블에서 태어났다. 1800년에 나폴레옹 군대의 기마 보병이 되어 밀라노로 갔다가 1802년에 프랑스로 돌아왔다. 1812년에 다시 나폴레옹의 러시아 원정에 참가하였으며, 1814년 나폴레옹이 몰락하자 1820년까지 밀라노에서 생활하였다. 이곳에 있는 동안 그는 작품들을 발표하기 시작했다. 그는 다른 작가들의 글을 자유로이 인용하였으나, 특유의 재치는 그만의 작품이었다.

1831년에 첫 번째 대작인『적과 흑』을 발표하였다. 여기서 적赤은 군대와 자유주의를 의미하며, 흑黑은 보수적인 성직자들을 의미했다. 그리고 1839년에는 1830년대의 이탈리아를 배경으로 한 두 번째 대작『파름의 수도원』을 발표하였다. 그는 발자크와 함께 '19세기 프랑스 소설의 2대 거장'이라고 평가받고 있다.

1832년 1월 23일
프랑스 인상파 화가 마네 출생

에두아르 마네(Manet, E.; 1832~1883)는 1832년 1월 23일 프랑스 파리에서 태어나 프랑스 국립 미술 학교에 입학하였다. 마네는 루브르, 헤이그, 피렌체, 마드리드 등의 미술관에서 대가들의 작품을 보며 예술적 감각을 배웠다. 원근법을 무시하고 당시에는 낯설게 받아들여진 대중적인 주제를 골라 강조했기 때문에 많은 논란을 일으켰다. 그러나 마네의 회화적 현대성을 이해했던 친구들—당대의 예술적 리더였던 보들레르, 졸라, 말라르메 등의 문인들—은 마네를 옹호하고 그 현대성을 알리려고 노력했다.

1863년 「풀밭 위의 식사」를 발표하였으며, 1865년에는 「올랭피아」를 발표하였다. 이 두 작품은 현대화의 선언이라고 일컬어진 그의 초기작이 되었다. 그리고 「철도」 「온실」 「카바레」 「나나」 등을 발표해 거장의 솜씨와 순발력을 시적이고 친숙한 유머로 표현했다는 평을 받았다. 말

년에는 신체 마비로 꽃만 겨우 그리다가 손 절단 수술을 받은 후 51세
에 사망하였다.

—

1907년 1월 23일

일본 최초 노벨상 수상자 유가와 히데키 출생

—

일본 최초의 노벨상 수상자인 유가와 히데키(湯川秀樹; 1907~1981)는
1907년 1월 23일 일본 도쿄에서 태어났다. 1929년 교토 대학교 물리학
과에 들어가 이론 물리학을 연구하였다.

그는 1935년에 양자 이론의 원리를 이용하여 파이π-중간자의 존재
를 예측하였다. π-중간자(혹은 파이온)는 핵자의 무게보다는 가볍지만,
전자 무게의 270배에 달하는 매우 무거운 입자에 속하며, 이것의 존재
는 1947년 영국 물리학자인 포웰에 의해 실험으로 증명되었다.

1월의
모든 역사

1월 24일

1979년 1월 24일

일본 『고사기』 편찬자 야스마로의 비문 발견

『고사기』에 따르면 일본의 섬들은 신들의 결혼으로 만들어진 것이다. 태초에 하늘에 있던 신들이 이자나기와 이자나미 남매에게 "떠도는 국토를 고정시켜 단단하게 만들라."고 명령하고 아메노누보코라는 창을 주었다. 그리하여 남매 신은 천부교로 갔다. 창을 밑으로 찔러 바닷물이 부글부글 소리 나도록 휘저어 들어 올리니 창끝에서 떨어지는 바닷물이 쌓여 섬이 되었다. 두 신은 서로 모자라고 남는 것을 알아차리고 결혼하여 자식을 낳았다.

이자나미는 여러 새끼 신을 낳았는데 불의 신을 낳다가 죽었다. 홀로 남은 이자나기의 눈과 코에서 세 아이가 나왔는데, 이 중 한 아이가 태양신인 아마테라스였다. 아마테라스는 일왕의 조상신이자 일본의 시조신으로 일본 신화에서 가장 중요한 신이다.

아마테라스의 손자가 호노니니기이다. 호노니니기는 천상에서 타카치호라는 산봉우리로 내려온다. 호노니니기는 고노하나와 결혼하여 세 아들을 두었는데, 그중 막내아들 야마사치히코가 바다로 가서 파도 신의 딸 도요타마와 결혼하여 우가야를 낳았다. 우가야가 지상으로 돌아가려 하자, 어머니 도요타마가 아들에게 이모인 다마요리와 함께 가라고 말하였다. 우가야와 이모 다마요리가 결혼하여 네 아들을 낳으니, 그중 막내가 야마토를 정벌하고 왕위에 오른 초대 진무 천왕이었다.

『고사기古事記』는 일본 고대의 신화집인 동시에 일본 역사 기록으로, 일본 고대 역사서인『일본서기』, 고대 가요집인『만엽집』과 함께 일본 고대 3대 문헌으로 꼽힌다.

『고사기』는 모두 3권으로, 상권은 신들의 이야기이며 중·하권은 진무 천왕에서부터 제34대 스이코에 이르는 계보와 왕들을 중심으로 한 이야기이다. 일본에서 만든 일본 역사서들은 일본의 초대 왕인 진무 천왕의 생존 시기를 B.C. 7세기라고 기록하였다. 하지만 이 시기는 일본의 신석기 시대에 속하는 조몬 시대이고, 최초의 국가인 야마타국이 생기기 수백 년 전이다. 또한 '대왕'이란 칭호가 서기 690년 무렵에야 '천황'으로 바뀌는 것만 보아도, 이것은 일왕의 정통성을 강조하기 위해 일본 역사가 시작되기도 전부터 '천황'의 존재를 주장한 억지에 불과함을 알 수 있다.

1979년 1월 24일 야스마로의 묘와 비문으로 추정되는 유적을 발견해 큰 화제가 되었다. 오노 야스마로는 겐메이 일왕의 부름을 받아 712년 정월에『고사기』를 완성한 인물이다. 야스마로는 고사기를 편찬하면서 일왕 집안의 연대기와 계보를 기록한『제기帝記』와, 신화·전설 등을 기록한『구사舊辭』를 참고하였다고 전해진다. 야스마로는 720년에 만든 일본에서 가장 오래된 역사서『일본서기』의 편찬에도 참가한 인물로 알려졌다.

1920년 1월 24일

이탈리아 화가 모딜리아니 사망

모딜리아니(Modigliani, A.; 1884~1920)는 이탈리아 리보르노에서 태어난 화가이다.

모딜리아니는 입체파와 아프리카 미술에 영향을 받은 조각으로 첫 작품을 시작하였다. 그러나 곧이어 긴 목을 가진 단순화된 형태의 여인상처럼 사물의 형체를 늘리고 나른한 분위기를 연출한 그만의 독특한 세계를 만들어 냈다.

그는 짧은 인생 동안 빈곤과 병, 무절제 속에서 살았으며 대중에게 작품이 알려지지도 않았다. 그러나 사후 그의 초상화들과 인물 습작들이 높은 평가를 받아 뉴욕 현대 미술관 등에 전시되었다.

1920년 1월 24일 사망하였으며, 「첼로를 켜는 사람」 「목이 긴 여인」 등이 특히 유명하다.

1776년 1월 24일

독일 작가 호프만 출생

호프만(Hoffmann, E. T. A.; 1776~1822)은 1776년 1월 24일 동프로이센에서 태어났다. 독일의 후기 낭만파 소설가에 속하는 그는 음악에도 소질을 보여 오페라도 작곡하였으며 밤베르크의 음악 감독으로도 활약하였다. 그의 작품에는 광기와 그로테스크, 공포와 초자연적인 요소 들이 혼재되어 있다.

『악마의 묘약』『수고양이 무어의 인생관』 등을 지었으며, 『호두까기 인형』의 원작자이기도 하다.

1972년 1월 24일

일본군 패잔병 요코이 쇼이치, 괌에서 발견

1972년 1월 24일 괌의 탈로포포 폭포에서 약 5분 정도 떨어진 거리의 굴에서 일본인 한 명이 발견되었다. 그는 1944년 제2차 세계 대전 당시의 일본군 병장으로, 미국이 일본으로부터 괌을 탈환하기 위해 공격했을 때 정글로 숨어들어 대나무 숲에 굴을 파고 약 28년 동안 산 사람이었다.

그의 이름은 '요코이 쇼이치'로, 1941년 징병되었으며 1943년 2월에 괌으로 와 병참 근무를 했다. 1945년 8월 15일 일본이 항복하였음에도 외부 세계와 단절되어 여전히 전쟁 중인 줄로만 알았던 요코이는 같은 패잔병이었던 두 명의 동료와 함께 지내 왔으나, 8년 전 동료들이 죽은 이후 줄곧 홀로 살았다.

일본으로 돌아간 요코이 쇼이치는 영웅으로 환대를 받으며 해외 외신에까지 알려져 유명 인사가 되었다. 그는 결혼을 하고 신혼여행지로 다시 괌을 찾았고, 이후 평범하게 살다가 1997년 9월에 세상을 떠났다. 평화로운 휴양지로만 알려진 괌의 처절했던 역사를 상징적으로 보여준 사건이었다.

1월의
모든 역사

1월 25일

1077년 1월 25일

카노사의 굴욕

'카노사의 굴욕'은 교황 그레고리우스 7세에 대해 로마 제국의 황제 하인리히 4세가 굴복한 사건이다. 중세 유럽의 교황권이 황제의 권위보다 위에 있음을 단적으로 보여준 사건이었다.

1077년 1월 25일, 신성 로마 제국의 황제 하인리히 4세는 허겁지겁 알프스를 넘어 북이탈리아의 카노사 성에 도달했다. 황제는 교황에게 자기의 죄를 뉘우친다고 말하였지만 교황은 어떤 말도 하지 않았다. 황제는 그 자리를 떠날 수밖에 없었다. 그러다 무언가 각오한 듯, 화려한 옷을 벗고 허름한 옷으로 갈아입었다. 신발도 벗어던지고 맨발로 뚜벅뚜벅 걸어 카노사 성문 앞에 섰다. 다시 한 번 교황의 은총을 바랐다. 그러나 교황은 눈길 한 번 주지 않았다. 세찬 겨울바람과 기나긴 겨울 밤의 추위가 하인리히의 폐부 깊숙한 곳으로 스며들었다. 사흘이 지났다. 하인리히의 정신이 희미해질 때 시종 하나가 나와 교황이 찾는다는 말을 전하였다.

로마 제국이 해체되고 프랑크 왕국이 뒤를 이었지만 유럽은 11세기 무렵까지 분열되어 있었다. 특히 오늘날 독일에 해당하는 동프랑크는 지방 세력이 강성하여 왕권을 위협하고 있었다. 비록 962년에 오토 1세가 교황 요한 12세에 의해 황제로 임명되고 신성 로마 제국이 시작되었지만 봉건 제후 세력은 여전하였다.

한편 중세의 교회는 중세 유럽인들의 생활과 의식을 지배하였다. 중세 교회의 주된 수입은 군주나 귀족에 의한 기부금과 개인 수입의 10%를 거두어들이는 $\frac{1}{10}$세가 있었다. 또한 높은 지위의 성직자들은 일반 귀족들과 같이 장원을 거느리고 있었으며, 귀족처럼 농민에게 부과금을 받기도 했다.

이처럼 교회 수입은 봉건 사회의 세속적 질서와 깊이 관련되었기 때문에 교회의 권위는 크게 떨어진 상태였다. 따라서 10~13세기에는 가톨릭교회의 개혁을 추진하려는 움직임이 일어나기도 했으며, 클뤼니 수도원의 개혁이 대표적인 사례였다. 또한 교회는 성직자 임명, 이단과의 투쟁 등을 통해 권위를 인정받으려 하였다.

카노사의 굴욕은 교회와 교황의 권위를 내세우려는 교황 그레고리우스 7세의 의지에서 출발했다. 그레고리우스 7세는 클뤼니 수도원 출신으로 교황권의 확립을 위해 혁신적인 조치를 취한 인물이었다. 그는 이탈리아 토스카나에서 태어났으나 힐데브란트라는 독일 이름을 가지고 있었으며 학식이 뛰어난 편은 아니었다고 한다. 그는 교황청의 재정 업무를 담당하면서 두각을 발휘하여, 1059년에는 부주교가 되었고 1073년에는 교황이 되었다.

그러나 여전히 교황권은 신성 로마 제국 황제의 간섭을 받고 있었다. 심지어 1059년 이전에는 신성 로마 제국에서 교황을 임명할 정도였다. 955~1057년 사이에는 총 25명의 교황이 있었다. 이 중에서 신성 로마 제국의 황제가 교황 5명을 몰아내고 12명을 새로 임명했다. 1059년이 되어서야 겨우 교황 선출권을 추기경 모임으로 가져올 수 있었다. 교황 선출에 세속 황제의 간섭을 받을 정도였으므로, 제국의 주요 성직자 임명권은 황제의 권리가 되었다.

그레고리우스 7세는 교황이 되자 신성 로마 제국의 황제와 정면으로 맞섰다. 교황은 성직자를 임명하는 권리, 즉 서임권을 가져오겠다고 발표하였다. 당시 신성 로마 제국의 황제였던 하인리히 4세는 즉각 반발했다. 성직자 임명권이 교황에게 넘어간다면 황제의 권위가 귀족들 앞에서 크게 떨어질 것이고, 제국의 통치는 더욱 어려워질 것이 불 보듯 뻔했기 때문이었다.

하인리히 4세는 그레고리우스 7세를 교황으로 인정하지 않는다고 선언하였고, 이에 그레고리우스 7세는 하인리히 4세와 제국의 성직자들을 파문해 버렸다. 파문은 교황 혹은 고위 성직자만 선포할 수 있는

것으로, 파문당한 사람은 모든 기독교인과 만날 수 없으며 죽더라도 교
회 묘지에 묻히지 못하였다. 교황이 하인리히를 파문했다는 소식이 퍼
지자 그 효과는 당장 나타났다. 성직자들은 공포를 느끼며 황제를 변호
하지 않았고, 제후들은 황제를 감금했다. 그리고 제후들은 황제가 교황
과 타협하지 않을 경우 그를 황제로 인정하지 않겠다고 선언하였다.

하인리히 4세는 황제의 자리를 지키기 위해 교황에게 용서를 구할
수밖에 없었다. 감금되어 있던 하인리히는 몰래 빠져나와 카노사로 향
하였다. 이미 귀족들은 새로운 신성 로마 제국의 황제를 뽑기 위해 교
황을 초청한 상황이었다. 독일 지방으로 향하던 그레고리우스 7세는
카노사 성에 잠시 머물렀고, 이때 하인리히 4세는 교황을 찾아가 가까
스로 용서를 받았다. 그리고 교황은 제후들에게 다음과 같은 편지를 써
보냈다.

하인리히는 나의 도움과 위로를 간청하면서 눈물을 그치지 않았습니다.

—

1627년 1월 25일

영국 과학자 보일 출생

—

· 수소 기체가 들어 있는 고무풍선이 하늘 높이 올라가면 터지게 된다.
· 호흡이란 횡격막이 이완하면서 폐가 수축해 체적이 감소하고 압력이
  증가하여 발생하는 공기를 내뿜는 현상과 그 반대의 현상이 합쳐진
  것이다.

이것은 보일(Boyle, R.; 1627~1691)이 정리한 법칙을 예로 설명한 것
이다. '보일의 법칙'은 온도가 일정할 때 일정 질량의 기체 부피는 압력
에 반비례한다는 법칙이다.

보일은 1627년 1월 25일 영국 리스모어에서 코크 백작의 일곱 아들
중 첫째로 태어났다. 1641년 프랑스, 이탈리아 등지를 여행하면서 갈
릴레이의 책을 읽고 근대 과학에 관심을 가졌으며, 진공 펌프를 만들어
보일의 법칙을 발견하였다.

보일은 연금술에서 화학 분야를 독립시켰으며 화학 원소, 화학 분석,
화학 반응에 대해 엄밀한 정의를 시도한 최초의 학자였다. 이 때문에
보일을 흔히 현대 화학의 아버지로 부른다. 또한 보일은 물리학 이론을
세우는 데 공헌하기도 했다. 「보일의 법칙」은 『공기의 탄력과 무게에
관한 학설의 옹호』에 실린 논문이었다.

1874년 1월 25일

영국 작가 서머셋 몸 출생

『달과 6펜스』로 유명한 작가 서머셋 몸(Maugham, S.; 1874~1965)은
영국의 작가로, 1874년 1월 25일 프랑스 파리에서 태어났다. 그는 어렸
을 때 말을 더듬는 내성적인 아이였으며, 10살 때 부모를 잃어 삼촌과
살았다. 그의 전공은 의학이었지만 문학에 관심이 많았고, 풍자와 인생
에 대한 냉소적인 태도를 글로 표현하였다. 처음에는 극작가로 활동하
였으며, 소설로 유명해진 것은 나중의 일이었다.

그의 첫 성공작은 냉소적이면서도 해학적인 『프레데릭 부인』이었다.

이 작품을 계기로 대작 『인간의 굴레』를 쓰기 전까지 8개의 소설을 발표하였다. 『인간의 굴레』는 고독한 그의 자전적 소설이며, 『달과 6펜스』에서는 프랑스의 화가 고갱의 전기에서 영감을 받아 꿈을 실현해 나가는 주인공 스트릭랜드의 삶을 그렸다. 제목 속의 '달'은 스트릭랜드의 광적인 열정을, '6펜스'는 그가 버린 세속적인 것들을 상징한다고 해석된다.

1924년 1월 25일

제1회 동계 올림픽 개막

제1회 동계 올림픽 경기 대회가 1924년 1월 25일 프랑스의 샤모니에서 개최되었다. 참가국은 모두 16개국으로, 5개 종목에 258명의 선수가 참가하여 기량을 펼쳤다. 동계 올림픽을 새로 만들자는 제의는 1921년 국제 올림픽 위원회IOC 총회에서 결정되었다. 아이스하키, 피겨 스케이팅은 이전까지 하계 올림픽의 정식 종목으로 포함되어 있었다.

1949년 1월 25일

소련과 동유럽 5개국,
경제 상호 원조 회의 기구 설치

경제 상호 원조 회의 기구인 코메콘COMECON은 1949년 1월 25일 설치되어 동유럽에 민주화 바람이 부는 1991년까지 유지되었던 공산주의 국가들의 경제 정책 조정 기구이다. 처음에는 불가리아, 쿠바, 체코슬로바키아, 동독, 헝가리, 몽골, 폴란드, 루마니아, 알바니아, 소련이 참여했으나, 알바니아는 1961년에 탈퇴하였다.

코메콘 헌장은 1949년부터 만들기 시작하여 1959년에 완성되었다. 이 결과 코메콘은 유럽 경제 공동체EEC와 대등한 국제적 지위를 누리게 되었다. 코메콘은 제2차 세계 대전 이후 미국이 세운 유럽 부흥 계획 마셜 플랜에 대항하기 위해 소련의 주도로 만들어졌다.

—

2011년 1월 25일

미국 사회학자 대니얼 벨 타계

—

대니얼 벨(Bell, D.; 1919~2011)은 1919년 미국 뉴욕의 유대계 이민자 가정에서 태어났다. 뉴욕 시립 대학교와 컬럼비아 대학교에서 공부하였으며, 시카고 대학교와 컬럼비아 대학교 그리고 하버드 대학교에서 교수를 역임하였다.

1960년, 그에게 세계적인 미래학자로 명성을 떨치게 해준 『이데올로기의 종언』이 출간되었다. 그는 이 책에서 포스트 마르크시즘을 예견하였으며, 이후로도 탈공업화 사회와 정보 사회를 예측하여 세간의 주목을 이끌었다. 『뉴욕 타임스New York Times』는 벨을 레오나르도 다빈치, 앨빈 토플러 등과 함께 '세계 100대 미래학자'로 선정하였다.

2011년 1월 25일 사망하였다.

1월의
모든 역사

1월 26일

■
·
■

1923년 1월 26일

중국, 제1차 국공 합작 선언

쑨원이 중국 민족과 중국 인민을 위하여 진행한 40년의 정치 투쟁은 마지막 기간에 최고봉에 도달하였다. 투쟁의 정점은 바로 쑨원이 중국 공산당과 합작하여 중국 혁명을 진행하기로 결정한 것이었다.

쑨원은 1923년 1월 26일 '쑨-요페 공동 선언'을 발표하여 제1차 국공 합작을 이루어 냈다. 국공 합작은 중국 국민당과 공산당의 협력을 일컫는 것으로, 1937년에 다시 이루어진 또 한 번의 국공 합작은 제2차 국공 합작이라고 한다. 비록 중국 국민당과 공산당이 협력한다고 선언했지만, 1차 국공 합작 당시 두 당은 여러 면에서 비교되지 않았다. 1923년 국민당은 약 5만 명의 당원을 보유하고 있었으나, 공산당은 300명 정도였고 1925년에도 1,500명 정도밖에 되지 않았다.

하지만 공산당은 소련의 지원을 받고 있었으며, 쑨원과 공동 선언을 발표한 요페는 소련이 임명한 대표였다. 쑨원은 공산당의 계급 투쟁에 동조하지는 않지만 공산주의적 운동 방법의 유용성을 잘 알았고, 군벌로 분열된 중국을 통일하기 위해 공산주의자들과 협력할 필요성을 느꼈다.

한편 소련은 쑨원의 민족주의를 지원하고자 했는데, 이는 중국에서 민족주의 운동이 거세게 일어나면 미국, 영국 등이 중국을 쉽게 침략하지 못할 것이고, 결국 그들의 시장과 원료 공급의 원천을 끊어 버리는 효과를 가져올 수 있기 때문이었다.

쑨-요페 공동 선언으로 중국 공산당원들은 당적을 보유한 채 개인 자격으로 국민당에 입당하였다. 베이징 대학교에서 마르크스 연구회를 설립한 리다자오 교수 등 3명이 중앙 집행위원으로, 오늘의 중국을 있게 한 마오쩌둥 등 4명이 중앙 집행위원 후보로 선출되었다.

제1차 국공 합작에 힘입어 노동 운동과 농민 운동이 급속히 발전하였다. 그러나 쑨원이 죽고 뒤를 이은 장제스는 공산당의 세력 확산을 두려워하여 공산당을 탄압하기 시작했다. 결국 국공 합작은 결렬되었고 공산당은 불법화되었다.

이후 장제스는 국민 혁명을 성공적으로 이끌었고, 1928년 10월 난징을 수도로 한 국민당 정부가 성립되어 난징 시대(1928~1937)가 열렸다.

1788년 1월 26일

오스트레일리아에 최초의 영국인 거주

1788년 1월 26일 영국은 죄수 726명을 포함한 영국인 1,030명을 오스트레일리아로 보냈다. 이는 이전까지 미국으로 이송하였던 죄수들을 미국의 독립 혁명(1776)으로 인해 더 이상 보낼 수 없게 되었기 때문이었다. 영국은 시드니를 개발 근거지로 삼고 건설을 시작했다. 이후 죄수 외의 자유 이민자가 늘어나자 영국은 1840년에 태즈메이니아 섬과 웨스트오스트레일리아를 제외하고는 죄수 이송을 중지했다.

1823년 1월 26일

종두법을 발견한 영국 의사 제너 사망

현대 면역학을 세운 의사 제너(Jenner, E.; 1749~1823)는 영국의 글로스터셔에서 태어나 1823년 1월 26일 사망하였다.

의학을 공부한 제너는 1773년 무렵부터 동물 실험을 하며 지냈다. 그러던 어느 날 그는 마을 사람들로부터 우두에 걸린 사람은 천연두에 걸리지 않는다는 말을 전해 듣고 우두 연구를 시작하였다. 1796년에 실험에 성공하여 종두법을 발명하였고, 이듬해에는 왕립 학회에 실험 결과를 보고하였다.

마침내 인류가 가장 두려워하던 병 중 하나였던 천연두는 고칠 수
있는 병으로 바뀌었으며, 제너가 종두법을 발견한 지 약 200년이 지난
1977년 세계 보건 기구wHO는 천연두가 완전히 퇴치되었음을 선포하
였다.

—

1841년 1월 26일

영국, 홍콩 점령

—

영국 관리 한 명의 병든 자존심을 복수하기 위해 영국은 치욕스런 만행
을 서슴거리지 않았다. 그 평화로운 땅에 불과 칼, 황폐와 죽음을 가져
다주었다.

-마르크스

1840년 영국과 청나라 사이에 아편 전쟁이 발생했다. 그리고 다음
해인 1841년 1월 26일 영국은 홍콩을 점령하였다. 당시 홍콩에는 수상
생활을 하는 사람들이 많았으며, 주룽과 신제에는 성곽 도시를 이루며
농업에 종사하는 사람들이 거주했다. 1842년, 결국 난징 조약이 체결되
고 홍콩 섬은 영국에 할양되었다.

그러나 1856년 영국은 또다시 영국 선박 애로호의 깃발을 무시했다
는 핑계로 홍콩 섬 북쪽의 주룽 반도를 영구히 조차하였다. 영국은 이
에 그치지 않고 1894년 홍콩 항의 안전을 위해 홍콩 섬 북쪽 해안에서
보이는 중국 대륙의 일부를 할양해 달라고 강력히 요구했다. 청나라가

거세게 반대하자 영국이 다시 무력시위를 하여 신제 지역을 99년간 조
차하기로 결정했다. 이로써 홍콩 섬과 주룽 반도, 신제 지역이 영국의
조차지로 결정되었다.

1984년 12월 영국과 중국은 홍콩 반환 협정을 체결하였고, 홍콩은
1997년 7월 1일을 기하여 155년의 식민지 역사를 청산하고 중국으로
반환되었다.

1880년 1월 26일

미국 군인 맥아더 출생

미국의 군인이었던 맥아더(MacArthur, D.; 1880~1964)는 1880년 1월
26일 아칸소 주의 리틀록에서 태어났다. 1903년 웨스트포인트 사관 학
교를 졸업하고 필리핀과 일본에서 근무하였다. 그의 아버지와 친구였
던 루스벨트 대통령의 후원으로 육군 참모직으로 근무하였고, 제1차
세계 대전이 일어나자 프랑스에서 참전하였다. 그는 대장까지 진급한
뒤 1937년에 퇴역하였으나 제2차 세계 대전 중인 1941년 7월에 다시
현역으로 복귀하였다.

맥아더는 미국 극동 군사령관과 연합군 남서태평양 사령관이 되어
1945년 7월 필리핀을 완전히 탈환하였다. 그리고 그해 8월에 일본을
항복시키고 일본 점령군 최고 사령관이 되었다. 1950년에는 6 · 25 전
쟁에 참가하였으나, 만주 공격 등의 강경 노선을 주장하여 이듬해 해임
되었다. 1952년에 대통령 후보로 지명되기도 했으며, 공식적인 활동에
서 물러난 이후에는 대기업에서 일하였다.

—

2001년 1월 26일

인도, 진도 6.9~7.9 강진 발생

—

2001년 1월 26일 인도 구자라트 주와 파키스탄 일부 지방에서 진도 6.9~7.9의 강진이 발생하였다. 진앙지는 구자라트 주로, 지진 피해 역시 이곳이 가장 극심했으며 방글라데시와 네팔에서도 여진이 느껴질 정도였다.

특히 이 지역에는 오래된 건물이 많아 피해가 극심했던 데다, 공휴일이었기 때문에 구조 활동이 제때 이루어지지 못했다. 또한 병원마저 지진으로 무너져 의사들은 거리로 나와 피해자들을 진료하였다. 지진으로 인한 사망자 수는 3만여 명에 이르는 것으로 추정하고 있다.

1월의
모든 역사

1월 27일

■
■
■

1756년 1월 27일

음악의 천재 모차르트 출생

나의 예술을 쉽게 이루어진 것으로 생각하는 사람들이 있지만, 그 누구도 나만큼 많은 시간과 생각을 작곡에 바치지는 못했을 것이다. 유명한 작곡자 중 내가 그의 음악을 여러 번 반복해서 공부하지 않은 작곡가는 아무도 없다.

나는 4살 때 클라비어를 연주했고, 5살 3개월 때 작곡을 시작했으며, 7살 때부터 본격적인 작곡을 하여 8살 때 최초의 소나타가 파리에서 출판되었다. 그리고 9살 때……

-모차르트

'음악의 신동'이라는 소리를 들었던 볼프강 아마데우스 모차르트 (Mozart, W. A.; 1756~1791)는 사실 그 명성에 못지않게 많은 노력을 기울였던 음악가였다.

모차르트는 1756년 1월 27일 오스트리아의 잘츠부르크에서 태어났다. 잘츠부르크는 빈의 서쪽에 위치하며, 뒤쪽에는 산이 있고 중앙에는 강이 흐르는 아름다운 소도시이다. 또한 로마 교회 소속 대주교의 세력권에 있는 종교적인 도시로 보수적인 분위기를 띠고 있었다.

모차르트의 아버지는 대주교의 궁정에서 인정받는 음악가였다. 아버지 레오폴트 모차르트는 아이들의 천재성을 알아보고 엄격하게 음악을 가르쳤다. 아버지는 자식들을 위해 직접 연습용 악보집을 만들었으며, 자식들의 성공을 위해 모든 노력을 다하였다.

작곡가로서 모차르트의 성장에 커다란 자극과 영향을 준 것은 유럽을 거의 일주하다시피 한 여행이었다. 이 역시 아버지가 계획하였는데, 모차르트는 여행을 통해서 유럽 여러 나라의 음악을 배울 수 있었다. 10년 동안 계속된 여행은 오스트리아의 중요 도시들과 헝가리, 벨기에, 파리, 영국을 거쳐 이탈리아까지 방문한 치밀한 여행이었다.

1777년 모차르트는 잘츠부르크의 궁정 음악가로 지내는 것을 그만두고 독립하였다. 그리고 1782년 아버지의 뜻을 거역하고 콘스탄체와 결혼했다. 콘스탄체는 모차르트가 직장도 없이 초라하게 지낼 때 그를 받아들인 여인이었다. 그녀에게 보낸 모차르트의 장난기 넘치는 편지에는 콘스탄체를 향한 천재의 사랑이 잘 드러나 있다.

가장 사랑하는 최고의 아내여,
당신에게 1,095,060,437,082번의 키스를 보내며 껴안아 주겠습니다.

모차르트는 1786년 오페라『피가로의 결혼』으로 생애 최고의 성공을 거뒀다. 다음 해는 오페라『돈 조반니』를 작곡했지만 큰 성공을 거두지 못했다.

모차르트는 춤과 놀이를 무척 좋아하였으며, 그가 아버지에게 쓴 편지 중에 다음과 같은 내용도 있었다.

어젯밤에는 6시부터 7시까지 댄스를 했습니다.
1시간 동안이냐고요? 아뇨. 저녁 6시부터 아침 7시까지입니다.

또한 당구, 포커, 블랙잭, 가사 바꿔 부르기 등과 같은 놀이도 매우 즐겼다. 이때 모차르트가 도박을 했는지 알 수 없지만 만년에는 빚에 쪼들려, "희망과 불안 사이를 배회하고 있다."라는 편지를 남길 정도였다.

35년에 불과한 짧은 생애였으나 모차르트는 성악, 기악의 모든 영역을 아우르는 작품들을 남겼다. 기악을 예술적으로 향상시켰고, 오페라에서는 성악 기교의 정점을 이루었으며, 관현악을 자유로이 구사하여 수세기가 지난 오늘날에도 '음악의 천재'로 기억되고 있다.

1973년 1월 27일

미국-베트민, 파리 평화 협정 체결

베트민과 미국 사이에 맺어진 파리 평화 협정에 따라 미국은 베트남에서 군대를 완전히 철수했다. 이 결과 베트남은 통일을 이루었으나, 미국은 전사자 5만 6,000명의 영혼을 베트남에 남겨둔 채 물러나게 되었다.

1954년 7월 베트남은 남북으로 갈라졌다. 북쪽에는 공산주의 국가인 베트민이, 남쪽에는 자본주의 국가인 베트남 정부가 들어섰다. 미국의 원조를 받는 베트남 정부는 독재 정권을 수립하였고, 베트민의 지원을 받은 베트콩이 독재 정부에 대항하여 베트남은 혼란이 증대되었다.

1963년 11월 베트남의 독재자 대통령 고딘 디엠이 암살되자, 미국은 1964년 7월 30일 베트민의 통킹 만을 공격하였다. 베트남 전쟁이 시작된 것이었다. 초강대국 미국과 베트민과의 싸움은 당연히 미국의 승리로 예상되었지만, 베트민은 예상을 뛰어넘은 기습 공격과 치열한 전투로 미국을 곤경에 몰아넣었다. 뿐만 아니라 미국 내에서는 나날이 반전 운동이 거세졌고 미국에 대한 국제 여론이 악화되었다.

막대한 예산을 들인 대규모 공세에도 불구하고 미국은 베트민과 평화 협정을 맺어야만 했다. 드디어 1973년 1월 17일 파리 평화 협정이 이루어져 같은 해3월 19일 미군은 베트남에서 철수하였다. 평화 협정을 통해 소총 한 방 쏘지 않고 미군을 몰아낸 베트민은 베트남 정부군에 대한 전면 공격에 나서 사이공을 점령했다. 1975년 4월 30일 베트민은 베트남의 두옹 반 민 대통령에게 무조건 항복을 받아냈다. 기나긴 전쟁 끝에 베트남 사회주의 민주 공화국이라는 통일 국가를 이루어낸 것이었다.

1837년 1월 27일

러시아 시인 푸시킨 사망

'삶이 그대를 속일지라도'라고 시작하는 시로 유명한 푸시킨(Pushkin, A.; 1799~1837)은 러시아의 모스크바에서 태어났다. 어릴 때 아버지의 서재에 산더미처럼 쌓여 있는 프랑스 소설과 영웅전, 볼테르의 작품, 18세기 역사 소설 등을 탐독하고, 구수한 이야기 솜씨가 일품인 외할머니를 통해 러시아 민담과 전통을 배우며 자랐다.

푸시킨은 10살 때 시를 쓰는 등 어린 시절부터 문학에 뛰어난 재능을 보였다. 학교를 졸업하고 잠시 외무성 관리로 일했으나 러시아의 전제 정치를 풍자하는 글로 인해 관직에서 박탈당하였다. 그 뒤 크림 반도와 흑해 연안 등을 두루 돌아다니고 고향으로 돌아온 그는 집 주위의 농노와 거지의 입에서 오르내리는 전설과 속담, 격언 들을 수집하여 문학의 밑거름을 풍성히 쌓아 두었다.

그의 대표작인 『예브게니 오네긴』은 귀족 청년 예브게니와 미녀 타지야나의 사랑을 그린 장편 소설로, 젊은 지식인들로 하여금 봉건 전제 통치에 맞서 싸워야만 진정한 자유를 얻을 수 있다는 깨달음을 주기 위해 쓴 작품이었다. 역사 소설 『대위의 딸』에서는 차르의 통치 상황에 대항하는 농민 봉기의 지도자를 슬기롭고 용감하며 사람들에게 환영받는 인물로 묘사하였는데, 이로 인해 정부의 감시를 받게 되었다.

1837년 1월 27일 푸시킨은 그의 아내 나탈리야를 짝사랑하는 프랑스 망명 귀족 단테스와 결투를 벌이다 총에 맞아 38세의 나이로 짧은 생을 마감했다.

1945년 1월 27일

아우슈비츠 수용소 해방

제2차 세계 대전 기간 중 폴란드 남부에 위치하였던 독일의 강제 수용소가 1945년 1월 27일 소련군에 의해 해방되었다. 아우슈비츠 수용소는 하인리히 힘러의 주도로 나치스 친위대의 감독 아래 설치되었다. 1942년 6월 처음 폴란드 정치범들을 수용한 이래 국제 연합군에 의해 해방되기까지 약 5년 동안 400만 명 이상의 유대인과 폴란드인이 아우슈비츠에서 희생되었다.

1901년 1월 27일

이탈리아 작곡가 베르디 사망

주세페 베르디(Verdi, G.; 1813~1901)는 이탈리아 북부 파르마에서 태어난 작곡가이다.

1839년에 첫 번째 오페라 『산보니파치오의 백작 오베르토』를 발표하였고, 1842년에 세 번째 오페라인 『나부코』를 발표하였다. 애국적 성격을 지닌 이 오페라는 이탈리아 국민들의 큰 호응을 받았다.

베르니는 1901년 1월 27일 사망할 때까지 『리골레토』『라 트라비아타』『아이다』 등의 오페라를 작곡하였으며, 정치가로도 활약하였다.

2010년 1월 27일

미국 작가 샐린저 사망

『호밀밭의 파수꾼』으로 유명한 작가 제롬 데이비드 샐린저(Salinger, J. D.;1919~2010)는 1919년 미국 뉴욕에서 태어났다. 전 세계적으로 6,000 만 부 이상 팔린 이 책은 한창 예민한 십대 소년 홀든 콜필드의 성장 소설이다. 특히 퇴학을 당하고 집으로 돌아오는 주인공의 모습은 샐린저 자신의 모습을 투영한 것이라고 한다.

이 책의 영화화를 위해 스티븐 스필버그가 샐린저를 찾기도 하였으나 바로 거절당했으며, 1980년 존 레넌을 암살하였던 마크 채프맨이 이 소설에서 영감을 얻었다고 인터뷰하여 세상을 떠들썩하게 만들기도 했다.

샐린저는 2010년 1월 27일 사망하였으며, 『9개의 단편』『프래니와 주이』 등의 작품을 남겼다.

2010년 1월 27일

미국 역사학자 하워드 진 사망

노암 촘스키와 더불어 미국의 살아 있는 지식인으로 대표되었던 하워드 진(Zinn, H.; 1922~2010)이 2010년 1월 27일 사망하였다.

1922년 미국 뉴욕의 가난한 유태계 가정에서 태어난 진은 역사학자인 동시에 정치학자였으며 사회 운동가이자 작가였다. 제2차 세계 대

전에 참전하였던 그는 종전 후 2차 대전 당시 민간인 학살에 대해 조사
하였으며, 베트남 전쟁과 이라크 전쟁 등에서의 민간인 사망에 대해서
도 적극적으로 사회의 반성을 요구했다.

컬럼비아 대학교에서 역사학을 전공하였고 흑인 제자들과 함께 흑인
인권 운동을 펼치기도 했다.

대표작으로는 『미국 민중사』 『달리는 기차 위에 중립은 없다』 등이
있다.

1월의
모든 역사

1월 28일

■
・
■

814년 1월 28일

'로마인의 황제' 샤를마뉴 대제 사망

사라센의 대군이 기습해 왔다. 올리비에가 말했다.

"어서 뿔나팔을 불어."

"나는 겁쟁이가 아니야."

롤랑은 이렇게 말하고는 병사들에게 진군 명령을 내렸다. 하지만 사라센 군대는 너무 강했고, 급해진 롤랑은 뿔나팔을 불었다. 하지만 샤를마뉴의 군대는 이미 피레네 산맥을 넘어 뿔나팔 소리를 들을 수 없었다.

-『롤랑의 노래』

로마 제국의 동서 분리 이후 최초의 서로마 황제가 되어 '로마인의 황제'라는 칭호를 받은 샤를마뉴(Charlemagne; 742~814) 대제는 오늘날의 프랑스, 독일, 북부 이탈리아 지역을 정복하고 프랑크 왕국의 전성기를 이룬 왕이었다. 『롤랑의 노래』는 778년 8월 스페인 원정에서 돌아오던 샤를마뉴 대제의 후위 부대가 피레네 산속 롱스포에서 사라센 군대의 기습으로 전멸한 사실을 바탕으로 한 무훈시武勳詩이다.

게르만 출신의 장군 오도아케르가 476년 로마 제국을 멸망시키면서 게르만 민족은 유럽 여러 지역에 정착하게 되었다. 특히 프랑크족은 갈리아 지방으로 이동하여 프랑크 왕국을 세웠고, 서유럽 중심지의 대부분을 차지하였다. 프랑크 왕국은 크게 메로빙거 왕조(486~752)와 카롤링거 왕조(752~888)로 나눌 수 있다. 샤를마뉴는 카롤링거 왕조의 제왕으로, 카롤링거 르네상스를 이끈 인물이었다.

샤를마뉴의 전성기는 800년 전후였다. 800년 말 교황 레오 3세는 샤를마뉴를 로마로 초청하고 크리스마스 미사를 드렸다. 레오 3세는 기도를 마친 다음 샤를마뉴 앞에 몸을 구부려 그의 머리에 관을 씌우고 이렇게 선포하였다.

로마인들의 위대하고 평화스런 황제로서 신에 의하여 대관식을 치르는 샤를 아우구스투스에게 구원과 승리가 있기를!

이는 로마 제국의 마지막 황제가 476년에 폐위된 이래 샤를마뉴가 서방 최초의 황제가 된 것을 의미하였다. 샤를마뉴의 전기 작가인 아인하르트는 '샤를마뉴는 교황 레오의 제안에 그다지 관심을 두지 않았다'라고 기록하였다. 만약 샤를마뉴가 크리스마스에 무슨 일이 생길지 미

리 알았다면 미사에 참석하지 않을 수도 있었음을 시사한 것이다. 아인
하르트는 샤를마뉴에게 로마 교회 속으로 흡수될 의도가 전혀 없었다
고 보았다.

하지만 레오 3세는 샤를마뉴에게 대관식을 해줌으로써 제국의 왕관
을 수여할 수 있는 권리가 교황에게 있음을 보여 주었다. 교황은 통일
기독교 세계에 대한 교황의 지배권을 주장하고 싶었고, 샤를마뉴의 대
관식으로 성취하였다.

유럽사 측면에서 보는 샤를마뉴의 황제 대관식은 서유럽인의 자신감
과 독립성을 가져다준 사건이었다. 그때까지 유일한 황제는 비잔틴 제
국에 한 명이 있을 뿐이었고, 그만이 아우구스투스의 직계 후계자라고
주장할 수 있었다. 따라서 비잔틴 제국은 서유럽을 제국의 변방 정도로
만 취급할 뿐이었다. 샤를마뉴가 황제가 된 사건은 당장은 아니더라도
서유럽인들에게 통일감과 목적의식을 부여한 셈이었다.

샤를마뉴 대제의 모든 업적 중 전쟁과 더불어 가장 지속적으로 이루
어진 것은 왕국 내 학문의 부흥이었다. 이것은 거의 문맹이나 다름없
던 성직자들에게 많은 영향을 미쳤다. 특히 그가 등용하였던 앵글로색
슨 출신의 알퀸은 학생들에게 호메로스, 베르길리우스, 플라톤, 키케로
등의 저술을 가르쳐 고전 서적과 자료를 편찬케 하였다. 오늘날 우리가
사용하는 알파벳의 소문자와 구두점이 생긴 것도 카롤링거 르네상스를
통해 가능해진 것이었다.

고대 사회에서 중세 사회로 전환이 완성된 것은 샤를마뉴 대제의 통
치 기간 동안이었다. 그러나 814년 1월 28일 샤를마뉴 대제가 죽자 프
랑크 왕국의 지배력은 무너지고 내란이 일어났다. 베르됭 조약(843)으
로 프랑크 왕국은 세 나라로 나뉘었으며, 프랑크 왕국의 쇠퇴와 내란은

노르만족의 침입을 격화시켰고 봉건화를 촉진시켰다.

—

1986년 1월 28일

우주 왕복선 챌린저호, 발사 73초 만에 공중 폭발

—

우린 지금 함께 떠나고 있어요. We're leaving together.

그럼에도 이별을 의미하는 것이죠. But still it's farewell.

우리가 지구로 다시 돌아올 것이라고 And maybe we'll come back to earth

누가 장담할 수 있나요. who can tell.

지금 마지막 카운트다운을 하고 있어요. It's the final countdown.

최후의 카운트다운이죠. The final countdown.

　　팝 그룹 Europe의 「마지막 카운트다운The Final Countdown」은 우주 왕복선 챌린저호의 폭발을 추모하여 만든 곡이다. 인류의 미래를 위한 도전이 공중에서 폭발하는 순간, 전 세계는 슬픔을 누르지 못하였다.

　　1981년 4월 제1호 우주 왕복선 컬럼비아호가 첫 비행에 성공했고, 1986년 1월 28일에 쏘아 올린 우주 왕복선 챌린저호가 공중에서 폭발하였다. 챌린저호는 미국 플로리다 주의 케네디 우주 센터에서 발사하였으나 1분 13초 후 해발 1만 4,400m의 상공에서 폭발했다. 그리고 2분 45초 뒤 시속 330km의 속도로 대서양에 추락해 승무원 7명이 전원 사망했다.

　　후일 발간된 NASA의 보고서에 따르면 챌린저호 승무원 7명은 전원 좌석에 앉은 채 그대로 숨졌다고 한다. 조사 결과, 공중 폭발과는 무관하게 폭발 뒤 기체가 해수면에 충돌할 때 받은 엄청난 충격이 직접적인 사인인 것으로 밝혀졌다. 또한 사고의 원인은 고체 연료 보조 로켓의 접합부 고무링이 손상되었기 때문인 것으로 드러났다. 발사 당일은 이상 저온으로 온도가 영하로 떨어져 링 기능 저하에 대한 우려가 나왔었다. 그러나 이런 지적은 무시되었고 챌린저호는 예정대로 발사되었다.

우주 왕복선 비행이 시작된 지 25회 만에 발생한 챌린저호 참사로 인해 우주 왕복선 비행은 무기한 중지되었으며, 나사NASA는 대대적인 안전 점검과 개수 작업에 착수했다. 우주 왕복선 비행은 챌린저호 참사 후 2년 8개월 만인 1988년 9월, 디스커버리호가 발사되면서 재개되었다.

—

1858년 1월 28일

네덜란드 인류학자 뒤부아 출생

—

네덜란드의 인류학자이자 해부학자인 뒤부아(Dubois, E.; 1858~1940)는 '자바 원인'이라고 부르기도 하는 피테칸트로푸스를 발견한 사람이다.

1858년 1월 28일 네덜란드 에이스덴에서 태어난 그는 암스테르담 대학교에서 의학을 전공하였다. 1886년 암스테르담 대학교의 해부학 강사로 임명되어 척추동물 후두의 비교 해부학을 조사하면서 인류 진화에 관심을 갖게 되었다.

1887년 군의로서 말레이 제도에 갔으며 수마트라 섬에서 초기 인류의 유해를 찾기 위해 동굴을 발굴하기 시작했다. 자바에서 탐구를 계속하던 중 1891년 트리닐에서 아래턱뼈 조각을 찾았고, 이후 두개골과 대퇴골을 발견했다. 두개골에는 작은 두뇌, 잘 발달한 미궁골, 편평하고 뒤로 처진 듯한 이마 등 기타 유인원과 흡사한 특징을 찾을 수 있었다.

뒤부아의 발견은 학계에 큰 파문을 던졌고, 이윽고 인류 진화의 가장 유력한 증거로서 확고한 위치를 차지하게 되었다.

1월의
모든 역사

1월 29일

—

1700년 1월 29일

스위스 수학자 베르누이 출생

—

스위스의 물리학자이며 수학자인 베르누이(Bernoulli, D.; 1700~1782)
는 1700년 1월 29일 네덜란드에서 태어났다. 1750년 물리학 교수가 된
그는 1738년에 쓴 저서 『유체 역학』에서 「베르누이의 정리」를 발표하
여 유체 역학의 공식화를 시도하였다.

'베르누이의 정리'란 유체(공기, 액체)가 좁은 통로를 흐를 때 속력이
증가하고, 넓은 통로를 흐를 때 속력이 감소하는 현상을 설명한 이론
이다. 이때 유속이 빠를수록 압력이 낮아지고, 유속이 느릴수록 압력이
높아지게 된다. 이 정리로 비행기에서 양력이 발생하는 원리를 살필 수
있다.

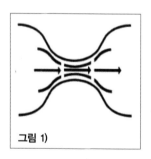

그림 1)

그림 1)처럼 유체가 면적이 넓은 곳에서
면적이 좁은 곳으로 이동할 경우, 속도가
빨라지므로 압력이 감소한다. 이와 마찬가
지로 그림 2)에 보이는 날개에서도 윗면의
길이는 아랫면보다 길다. 이 때문에 윗면에
흐르는 공기 속도는 아랫면보다 빨라지고
아랫면보다 압력이 적어 양력이 발생하는
것이다.

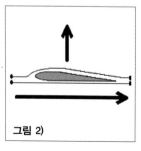

그림 2)

이 정리는 축구나 야구에서도 확인할 수
있다. 일반적으로 공의 궤적은 직진하면서
떠오르다 중력의 영향으로 떨어진다. 축구

공을 강하게 차면 찰수록 직진 성향이 강해지고 적절한 각도로 가장 멀리 가게 된다.

그러나 공에 스핀이 있는 경우라면 다음과 같은 상황이 발생한다. 공이 직진하기 때문에 공의 무게 중심 쪽으로 공기가 흐르는데, 여기에 공 자체의 회전 때문에 발생하는 공기의 흐름이 추가되는 것이다. 따라서 공을 중심으로 두 가지의 공기 흐름이 형성되며, 이 두 가지의 공기 흐름으로 공에는 압력(단위 면적당 힘) 차이가 생기게 된다. 즉 공기의 흐름이 빠른 곳에서는 압력이 낮아지고, 그 결과 공기의 흐름이 빠른 쪽으로 힘을 받아 공이 휘게 되는 것이다.

—

1932년 1월 29일

상하이 사변 발생

—

상하이 사변은 1932년과 1937년, 두 차례에 걸쳐 상하이에서 발생한 중국과 일본 간의 무력 충돌 사건을 말한다. 제1차 사변은 1932년 1월 29일 발생하여 일본 해군 6전대와 중국 제19로군 사이에 전투가 벌어졌으며, 제2차 사변은 1937년 7월 화베이에서 전투가 발생하여 상하이로 확대되었다. 당시 일본군 육전대가 압도적으로 우세한 중국군의 포위 공격을 받았으며, 이에 일본이 육군을 파견함으로써 중일 전쟁이라는 전면전의 발단이 되었다.

1886년 1월 29일

프랑스 작가 로맹 롤랑 출생

1886년 1월 29일 출생한 로맹 롤랑(Rolland, R.; 1866~1944)은 프랑스의 소설가이자 전기 작가이며 음악 연구가이다. 파리에서 공부를 하였으며, 드레퓌스 사건이 일어나자 드레퓌스를 옹호하고 군국주의와 국가주의에 반대하였다. 그는 베토벤과 미켈란젤로, 톨스토이, 간디 등의 전기를 썼으며, 1904년부터 발표하기 시작한 『장 크리스토프』로 문학계에서 확고한 지위에 오르게 되었다. 1914년 스위스 여행 중에 제1차 세계 대전이 발발하자 그대로 스위스에 머물러 평화 운동에 힘을 쏟았으며, 1915년에는 노벨 문학상을 받았다.

1926년 1월 29일

파키스탄의 물리학자 살람 출생

1926년 1월 29일 출생한 살람(Salam, A.; 1926~1996)은 파키스탄의 물리학자이다. 그는 고국에서 대학교를 나온 뒤 미국에서 박사 학위를 받았다. 귀국하여 3년 동안 강의를 하였으나, 다시 영국의 케임브리지 대학교에서 수학을 가르쳤다.

그 후 이론 물리학에 관심을 가졌으며, 자연계에 존재하는 기본적인 네 가지 힘 가운데 약한 핵력과 전자기력에 내재하는 통일성을 설명하는 이론으로 와인버그, 글래쇼와 함께 노벨 물리학상을 받았다.

1월의
모든 역사

1월 30일

■
.
■

1948년 1월 30일

인도 건국의 아버지 마하트마 간디 사망

이 나라에서 영국의 지배를 종결짓자는 결정은 즉시 행해야 할 아주 중대한 일이다. 이에 본 위원회는 자유와 독립에 대한 인도의 양도할 수 없는 권리를 쟁취하기 위하여 비폭력적인 방법으로 가능한 최대 규모로 집단 투쟁을 시작하기로 결정했다. 이 집단 투쟁에서 온 국민은 우리가 지난 22년 동안 행한 평화로운 투쟁에서 쟁취했던 비폭력의 힘을 발휘해야 할 것이다.

-간디

인도 국민 회의는 1942년 봄베이 대회에서 영국의 즉시 철퇴를 요구하며 대규모 반영 불복종 운동에 돌입하였다. 영국은 곧 간디(Gandhi, M. K.; 1869~1948)와 국민 회의 지도자들을 체포해 버렸다. 그러나 제2차 세계 대전 말기인 1945년, 영국에 노동당이 집권하면서 인도의 독립을 추진하였고, 그로부터 2년 동안 인도의 국민 회의파와 이슬람 동맹, 영국 정부 간의 3자 협상이 개최되었다. 마침내 1947년 8월 인도는 간디의 뜻과는 달리 파키스탄과 분리되어 독립되었다.

간디는 인도 서부 포르반다르에서 출생하였다. 그의 집안은 바니아 계급으로 힌두교를 숭상했다. 바니아는 상인을 뜻하는 단어로 이 계급에는 은행업을 비롯한 금융업 종사자들이 많았으며, 인도의 카스트 중 브라만 다음으로 자신들의 신분이 높다고 생각하는 배타적인 계급이었다. 간디의 아버지는 고위 공무원이었으며, 어머니는 신앙심이 깊은 분이었다. 간디는 어렸을 때 공부나 놀이에서 눈에 띄는 아이가 아니었고 시간이 나면 혼자서 오랫동안 거닐기를 좋아하는 매우 소극적인 성격이었다. 1887년 봄베이의 대학 입학시험에 간신히 합격하였지만 고위 관직에 오르는 가문의 전통을 고려하여 변호사의 길을 택했고, 1888년 9월 영국으로 건너가 런던 이너템플 법학 대학교에 입학했다.

영국에서 체류했던 3년 동안 그의 주요 관심은 학업보다는 개인적이고 도덕적인 문제들에 있었다. 간디는 채식주의 식당이나 하숙집에서 만난 사람들을 통해 성경, 코란 등 다양한 서적을 접했다. 특히 힌두교의 철학적 시가집인 『바가바드기타』는 그에게 커다란 영향을 끼쳤다. 간디는 이 책의 2장에 나오는 구절이 감명적이었다고 회고하였다.

인간은 느낄 수 있는 것을 생각하면 집착하게 되고, 이 집착에서 욕망이 생기고, 이 욕망에서 정욕이 불타오른다. 맹렬히 타오르는 정욕은 정신을 혼잡하게 하고 진리를 잊게 한다. 그리하여 인간의 이성을 파괴해 파멸에 이르게 하는 것이다.

여기에서 간디는 물질적 욕망을 끊어 버리라는 아파리그라하(aparigra-ha: 무소유) 개념과 고통이나 기쁨, 승리나 패배에 동요하지 말라는 사마바바(samabhava: 평정)를 받아들였다. 또한 성경의 산상 수훈에서도 큰 감명을 받았다고 회고하였다.

너희는 악한 것을 대적하지 마라.
누가 네 오른뺨을 치거든 왼뺨을 내밀어라.
또 누가 네 겉옷을 취하거든 속옷까지 내주어라.

간디는 1891년 7월 인도로 돌아왔지만, 갑작스레 변호사 수가 크게 늘어난 인도에서 변호사 자격증만으로는 직장을 구할 수가 없었다. 하는 수 없이 남아프리카 공화국의 인도인 회사로부터 일 년 기한의 계약 요청을 받아 남아프리카 공화국으로 갔다. 남아프리카 공화국에는 오늘의 간디를 만든 사건들이 기다리고 있었다.

남아프리카 공화국은 간디에게 완전히 새로운 도전과 기회의 땅이었다. 더반의 법정에서는 유럽인 판사가 그에게 터번을 벗으라고 했지만 간디는 이를 거절하고 법정에서 퇴장했다. 며칠 뒤 프리토리아로 여행할 때는 열차 일등석에서 쫓겨나는 모욕을 당했고, 마차를 타고 가던 중 유럽인에게 자리를 내어 주지 않는다고 백인 마부에게 두들겨 맞기도 했다. 이러한 굴욕은 다른 인도인 노동자들과 상인들이 매일 겪는 일로 그들은 꾹 참아 내고 있었다.

간디는 훗날 이 여행을 통해 그의 인생 중에 가장 창조적인 경험을 했다고 고백했다. 그것은 진실과 접한 순간이었다. 이때부터 그는 남아프리카 공화국에서 벌어지고 있는 모든 불의에 맞서 인도인으로서 그리고 인간으로서 자신의 존엄성을 지키려고 노력했다.

간디는 1894년 6월, 계약이 끝난 환송 파티에서 우연히 나탈 의회가 인도인의 선거권 빼앗으려 한다는 기사를 읽었다. 사람들은 간디에게 힘없는 자신들을 위해 대신 싸워줄 것을 간청했다. 그때까지 간디는 정치에 관심을 보인 적이 없었고 사람들 앞에 서는 것을 매우 두려워했다.

그러나 그는 1894년 7월, 하룻밤 사이에 탁월한 정치 운동가로 변신했다. 나탈 의회와 영국 정부에 보낼 탄원서를 작성하고 수백 명의 서명을 받았다. 또한 나탈-인도 국민 회의를 창설하고 인도인의 단결심을 고취시켰다. 그뿐만 아니라 인도인에 대한 차별 대우의 실상을 외부세계에 널리 알려, 런던의 『타임스』, 캘커타의 『스테이츠먼The Statesman』 등에서 이를 사설로 다루었다.

1899년 보어 전쟁이 발발하자 간디는 영국을 지원했지만, 남아프리카 정부는 굴욕적인 인도인 등록 법령을 제정했다. 인도인들은 그의 지도 아래 법령에 대한 불복종과 그로 인한 모든 불이익을 감수하겠다고 맹세했다. 이때 처음으로 사티아그라하(satyagraha: 진실에 몸 바침) 정신이 태어났다. 이는 적대자들에게 원한과 투쟁, 폭력을 쓰지 않고 저항하면서 그들의 잘못을 바로잡는 새로운 방법이었다.

1913년 운동이 막바지에 이르렀던 그때, 여자들까지 포함하여 수백 명의 인도인이 투옥되었다. 수천 명의 인도인 광산 노동자들은 파업을 일으키고 용감하게 감옥으로 걸어 들어갔으며 매질과 총살까지도 감수했다. 이러한 희생을 바탕으로 간디와 남아프리카 공화국 사이에는 겨우 타협이 맺어졌다.

인도로 돌아온 간디는 국민 회의당을 효율적인 민족주의 정치 기구로 바꾸었다. 인도에는 대도시의 중산층부터 시골의 작은 마을에까지 이르는 대중 조직이 갖춰졌고, 영국 정부에 대한 비폭력 불복종 운동이 전개되기 시작했다. 그리고 1942년, 국민 회의는 봄베이 대회를 개최하면서 독립을 위한 마지막 고비를 지나게 되었다.

대다수의 영국인들은 간디를 유토피아를 꿈꾸는 몽상가로 여기거나 영국인에 대한 우애를 설교하면서 뒤로는 영국을 쫓아내려고 하는 위선자로 여겼다. 간디는 이러한 편견의 벽을 이해하고 있었고, 이 벽을 사티아그라하로 뚫으려고 했다. 간디에 대한 비판은 인도인 가운데에서도 정파와 계층, 종교에 따라 다양하게 제기되었다. 그러러 너무 급진적이라고 비판하거나, 반대로 영국인의 축출과 국내 기득권층의 제거 또는 카스트의 철폐 등과 같은 사회 개혁에 진지한 노력을 하지 않았다고 보기도 했고, 이슬람교에 편견을 가졌다는 비난도 했다.

그러나 온건 정치인과 급진주의자, 테러리스트와 의회 정치 주의자, 도시의 지식인과 농촌의 대중, 힌두교도와 이슬람교도 그리고 인도인과 영국인 사이의 갈등을 조정하고 화해시켰던 간디의 위대한 역할은 동서고금을 막론하고 높이 평가되고 있다. 하지만 간디는 인도의 갈등을 메우지 못하고, 1948년 1월 30일 반이슬람 극우파의 청년이 쏜 흉탄에 쓰러져 세상을 떠났다.

1933년 1월 30일

히틀러, 독일 수상으로 취임

1932년 7월의 국회의원 선거에서 제1당의 지위를 확보한 아돌프 히틀러(Hitler, A.; 1889~1945)는 1933년 1월 30일 대통령인 힌덴부르크에 의해 수상으로 임명되었다. 이어 의회 정치를 무시하고 정당과 노동조합의 해산을 강행했다. 나치스에 의한 일당 지배를 확립한 것이었다. 그리고 슐라이허, 슈트라서 등 적대자들을 숙청했다. 그해 8월 대통령 힌덴부르크가 사망하자 히틀러는 독일 수상이자 나치스의 당수인 동시에 국가 원수의 지위를 겸한 총통이 되었다. 그리고 이는 제2차 세계대전의 서막이었다.

1649년 1월 30일

영국 국왕 찰스 1세 처형

1625년 영국 왕위에 오른 찰스 1세(Charles I; 1600~1649)는 제임스 1세의 아들로, 왕권신수설을 신봉한 가톨릭교도였다. 그러나 영국은 이미 1534년 헨리 8세의 수장령 발표 이후 영국 국교회가 국교로서 자리를 지켜온 터였다.

하지만 찰스 1세는 가톨릭을 국교로 회복하려 하였으며, 1628년 의회와 불법 체포 · 구금, 의회의 동의 없는 과세 등을 금지한 내용의 「권리 청원」을 승인하였음에도 이를 무시하고 왕권신수설에 기초한 전제 정치를 하려 하였다.

결국 1649년에 크롬웰을 중심으로 한 청교도 혁명이 발발해 영국 최초의 공화제가 수립되고, 1649년 1월 3일 찰스 1세는 처형당하였다.

1월의
모든 역사

1월 31일

:
.
:

1797년 1월 31일

낭만주의 작곡가 슈베르트 출생

'세상에서 가장 뛰어난 시인'이라는 리스트의 감탄이 있듯이, 슈베르트는 자신이 즐겨 애송하던 시에 천재적인 상상력을 덧붙여 '예술가곡'이라는 값진 보물을 만들어 놓았다.

낭만주의 음악의 대표적 작곡가 중 하나인 슈베르트(Schubert, F. P.; 1797~1828)는 1797년 1월 31일 오스트리아의 빈에서 태어났다. 슈베르트는 아버지가 바이올린을, 형이 피아노를 가르쳐줄 만큼 음악적인 가정에서 성장하였다.

그는 1816년까지 3년 동안 아버지가 근무하는 학교에서 교사로 재직하였다. 이 기간 동안 무려 400개가 넘는 곡들을 작곡하였으며, 이 중 350곡 정도가 가곡이었다.

괴테의 시에 곡을 붙인 「물레 잣는 그레트헨」이라는 가곡은 친구들과 음악 동호인 모임에서 많은 사랑을 받았다. 슈베르트는 1817년까지 「죽음과 소녀」 「음악에 부쳐」 「교향곡 5번」을 작곡하였으며, 피아노 5중주곡 「송어」의 기초가 된 가곡 「송어」도 이때 완성된 작품이었다.

1819년 여름 여행에서는 그의 대표작이라 할 수 있는 피아노 5중주곡 「송어」를 만들었다. 얼마 안 되는 평화로운 시기에 작곡했기 때문인지 매혹적인 고요함과 자연스러움이 물씬 풍겨 난다. 이 곡은 아마추어 첼리스트인 파움가르트너의 집에서 처음으로 연주되었다. 이 곡을 받은 파움가르트너는 첼로를 연주하였고, 요제피네라는 아리따운 여인이 피아노 파트를 끝까지 연주해 냈다고 한다.

피아노 5중주 「송어」의 매력은 송어를 잡으려는 낚시꾼과 위험한 낚싯바늘을 요리조리 피해 가는 송어떼의 모습이 눈앞에서 펼쳐지는 듯한 데에 있다. 슈베르트의 따듯한 가슴이 느껴지는 밝고 경쾌한 곡이다.

그러나 1822년, 술에 취한 슈베르트는 친구들을 따라 사창가를 찾아갔다. 여기에서 그는 매독에 걸렸고, 이를 수은으로 치료하려 했으나 도리어 건강만 악화되었다. 이 사건 후 슈베르트는 몸과 마음이 극도로

황폐해져 밤마다 친구들과 함께하던 모임도 흐지부지되고 친구들도 흩
어지고 말았다. 1824년 그는 이 시절의 심정을 친구에게 보낸 편지에
이렇게 적었다.

건강이 회복될 기미가 전혀 없어 절망감에 빠져 가는 사람을 상상해
보게. 아침이면 어김없이 어제의 슬픔이 다시 나를 찾아온다네.

이후 건강이 더더욱 악화된 슈베르트는 1828년 세상을 떠났고 베토
벤 묘소 옆에 묻혔다.

—

1977년 1월 31일
프랑스, 퐁피두 센터 개관
—

퐁피두 센터는 이 센터의 창설에 힘을 기울인 퐁피두 대통령의 이름을
붙인 것으로, 1977년 1월 31일 개관하였다. 5만여 점의 현대 미술품을
소장한 현대 미술관을 비롯해, 도서관, 음향 기술 연구소, 공연 · 전시
센터 등으로 이루어졌으며 연간 관람객이 600만~700만 명에 이른다.

1889년 만국 박람회 때 지은 파리의 에펠 탑은 당시 사람들의 반발
로 박람회 후 철거를 조건으로 보전하였으나 예산 부족으로 철거하지
못했다. 그러나 오늘날의 에펠 탑은 파리의 대명사이자 파리의 상징이
되었다. 퐁피두 센터Centre Pompidou 역시 현재에 정지하지 않고 미래를 제

시하는 프랑스 예술혼의 결정체로 기억될 만한 건축물이다.

세계적인 현대 건축가인 미국의 리처드 로저스와 이탈리아의 렌초 피아노가 설계한 퐁피두 센터가 세상에 모습을 드러내었을 때 시민들의 분노는 대단하였다. 퐁피두 센터는 안팎이 뒤집어진 듯한 건물로, 엘리베이터와 에스컬레이터는 물론이고 건물 내에 숨어 있어야 할 수도관, 가스관, 환기구와 대들보까지 모두 바깥으로 드러나 있기 때문이었다.

그러나 퐁피두 센터가 20세기를 대표하는 중요 건축물 중 하나로 손꼽히는 데에는 여러 가지 이유가 있다. 외부로 노출된 파이프는 색깔이 칠해져 있는데 이는 미적인 배려뿐만 아니라 기능상의 구분이 가능하도록 해놓은 것이었다. 안전을 뜻하는 노란색은 전선을, 물을 나타내는 녹색은 수도관을, 공기를 뜻하는 청색은 환기구를 상징한다. 에스컬레이터 경사면은 붉은 색으로 처리해 놓았다.

퐁피두 센터의 전시실은 안에 있어야 할 배관이 밖에 있어 다른 전시관보다 전시 공간이 넓고, 관람객의 시선을 가로막는 기둥이나 배관이 없다. 퐁피두 센터가 미래 지향적인 예술 창조의 공간으로 확고한 위치를 차지할 수밖에 없는 데는 이처럼 명확한 창조성을 인정받았기 때문이다.

—

1881년 1월 31일

미국 물리 화학자 랭뮤어 출생

—

미국의 물리 화학자 랭뮤어(Langmuir, I.; 1881~1957)는 1881년 1월 31

일 미국 브루클린에서 태어나 컬럼비아 대학교에서 금속 공학을 공부했다. 1909년에서 1950년까지 제너럴 일렉트릭 연구소에서 근무했으며, 이 기간 동안 가스 충전 텅스텐램프 등을 발명하였다.

특히 길버트 루이스와 공동으로 전자 접속에 관해 연구하면서 루이스-랭뮤어 이론을 만들기도 하였다. 1932년에는 계면 화학의 연구 업적으로 노벨 화학상을 수상하였다.

1935년 1월 31일

일본 소설가 오에 겐자부로 출생

오에 겐자부로(大江健三郎, 1935~)는 1935년 1월 31일 일본의 부유한 지주 가문에서 태어났다. 그러나 그의 집안은 전후의 농지 개혁으로 사유 재산을 거의 잃어, 그는 선대의 부를 누리지 못하고 성장하였다.

1954년 도쿄 대학교 불문과에 입학해 1959년에 졸업했다. 재학 시절 뛰어난 문필 재능으로 미시마 유키오 이래 가장 장래가 촉망되는 신인이라는 찬사를 받았다. 1958년 『사육』으로 아쿠타가와상을 수상하였으며, 1994년 소설 『만연원년의 풋볼』로 노벨 문학상을 받았다.

1958년 1월 31일

미국 인공위성 제1호 익스플로러 발사

1958년 1월 31일 미국은 인공위성 익스플로러를 발사함으로써 미국 최초이자 세계에서 세 번째 위성 발사에 성공하였다. 미국 항공 우주국이 계획하고 미국 육군이 발사한 이 위성은 소련에서 먼저 발사했던 스푸트니크 1호 · 2호에 자극을 받은 것이었다.

약 2시간에 한 번씩 지구의 궤도를 돌았던 익스플로러는 3개월 후인 5월 28일 소멸하였으며, 이후 미국은 1975년까지 모두 55개의 익스플로러 위성을 발사하였고, 이 중 익스플로러 6호는 지구의 모습을 찍어 전송한 세계 최초의 위성이었다.

1월의 모든 역사_세계사

초판 1쇄 인쇄 2012년 1월 1일
초판 1쇄 발행 2012년 1월 5일

지은이 이종하

펴낸이 김연홍
펴낸곳 디오네

출판등록 2004년 3월 18일 제313-2004-00071호
주소 121-865 서울시 마포구 연남동 224-57
전화 02-334-7147 **팩스** 02-334-2068
주문처 아라크네 02-334-3887

ISBN 978-89-92449-81-6 03900
      978-89-92449-79-3(세트)